동물의 분류와 학명

동물을 분류하는 방법을 살펴보면, 특성이 같은 것을 모아서 '목', '과', '속,' '종' 등의 무리로 각각 나누어요. 이것을 '분류'라고 해요. 그리고 동물마다 세계 공통으로 쓰이는 이름인 '학명'이 있어요. 학명은 '속'의 이름과 '종'의 이름을 합친 것으로, 학명의 '속'을 보면, 가까운 '종'에 속하는 동물이 무엇인지 알 수 있답니다. 인간을 예로 들면, '속'은 성, '종'은 이름인 셈이지요.

벌거숭이두더지쥐의 분류와 학명

쥐목에 속하는 동물은 위아래 앞니(뻐드렁니)가 계속 자라는 특징이 있다. 다람쥣과, 겨울잠쥣과, 비버과, 쥣과, 호저과, 두더지쥣과 등이 속한다.

뻐드렁니쥣과에는 땅 밑에 굴과 터널을 파서 생활하는 두더지쥣속, 아프리카두더지쥣속, 벌거숭이두더지쥣속 등이 속한다.

분류	쥐목 뻐드렁니쥣과
학명	*Heterocephalua glaber*

학명 *Heterocephalua*는 속 이름이다. 한국어로는 벌거숭이두더지쥣속이며, 벌거숭이두더지쥐가 이에 속한다.

학명 *glaber*는 종 이름이다. '종'은 동물을 분류할 때 가장 기본이 된다.

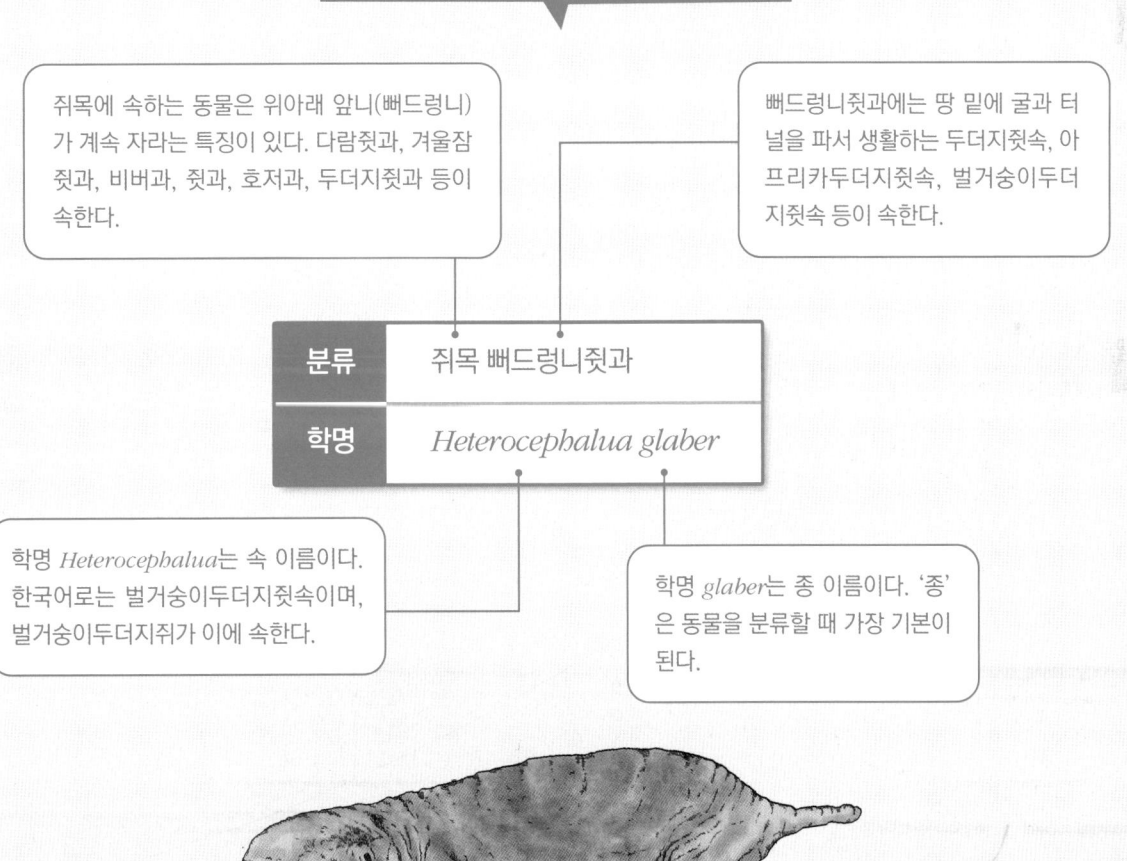

KOWAI IKIMONO NO SUGOI HIMITSU③ BUKIMI NA IKIMONO HA SUGOI!
by Takehiro Takahashi
Supervised by Kouji Shintaku
Copyright ⓒ g.Grape Co., Ltd., 2018
All rights reserved.
Original Japanese edition published by GODO-SHUPPAN Co., Ltd.

Korean translation copyright ⓒ 2019 by Studio Dasan Co., Ltd.
This Korean edition published by arrangement with GODO-SHUPPAN Co., Ltd.,
Tokyo, through HonnoKizuna, Inc., Tokyo, and Shinwon Agency Co., Seoul

이 책의 한국어판 저작권은 신원에이전시를 통해 저작권자와 독점 계약한 (주)스튜디오다산에 있습니다.
저작권법에 의해 한국 내에서 보호를 받는 저작물이므로 무단 전재와 무단 복제를 금합니다.

굉장해!

더 징그러운 동물도감

다카하시 다케히로 지음 | 신타쿠 코지·이정모 감수 | 정인영 옮김

시작하는 글

여러분은 '징그러운 동물'에 관해 얼마나 알고 있나요? 생김새가 독특한 동물은 사람 눈에는 징그러워 보이지만, 그렇게 생긴 데에는 그 나름의 이유가 있어요. 징그럽다고 무조건 피하는 건 '생명의 신비'에 다가갈 수 없는 장애물을 쌓는 것과 같지요. 물론, 몸이 미끈미끈하고, 수많은 다리가 다닥다닥 꿈틀대는 걸 보면 섬뜩하고 불쾌한 기분이 들어요. 당연한 반응이에요. '불쾌감'은 인간의 본능이니까요. 인간의 뇌는 낯선 생물을 보면, '불쾌감' 스위치를 탁 하고 켜요. 낯설다는 건, 뇌에 인식된 정보가 없다는 것을 뜻해요. 인식된 정보가 없으면, 예상치 못한 위험한 상황에 대처할 수가 없지요. 따라서 뇌는 낯선 생물을 보면, 우선 우리 몸에게 피하라는 신호부터 내보내요. 그런데 순간적인 불쾌감을 누르고 낯선 생물을 관찰하다 보면, 어느 순간 그 생물이 흥미롭고 재미있게 느껴져요.

물론 하루아침에 바뀌기는 힘들지요. "징그럽긴 해도 재미있네.", "못 만져도 매력은 있어." 하는 마음만으로도 충분하답니다. 귀여운 강아지나 고양이처럼 쓰다듬고 싶은 마음은 안 들겠지만, 징그러운 동물에겐 우리가 몰랐던 신비롭고 새로운 사실들이 가득해요. 그동안 징그러워서 피했던 동물을 새롭게 바라보는 건 어떨까요? 가장 징그러운 특징은 그 동물이 생존하는 데 꼭 필요하고, 가장 매력적인 무기라는 걸 알게 될 거예요. 보면 볼수록, 알면 알수록 그들의 숨은 매력에 빠져들지도 몰라요. 그러다 보면 나를 둘러싼 세계가 생명의 신비로 가득하다는 걸 깨닫게 되겠지요? 어쩌면, 새로운 세상을 열어 주는 첫 번째 문이 이 책에 나오는 '징그러운 동물'들일지도 모른답니다.

생태과학연구기구 이사장, 신타쿠 코지

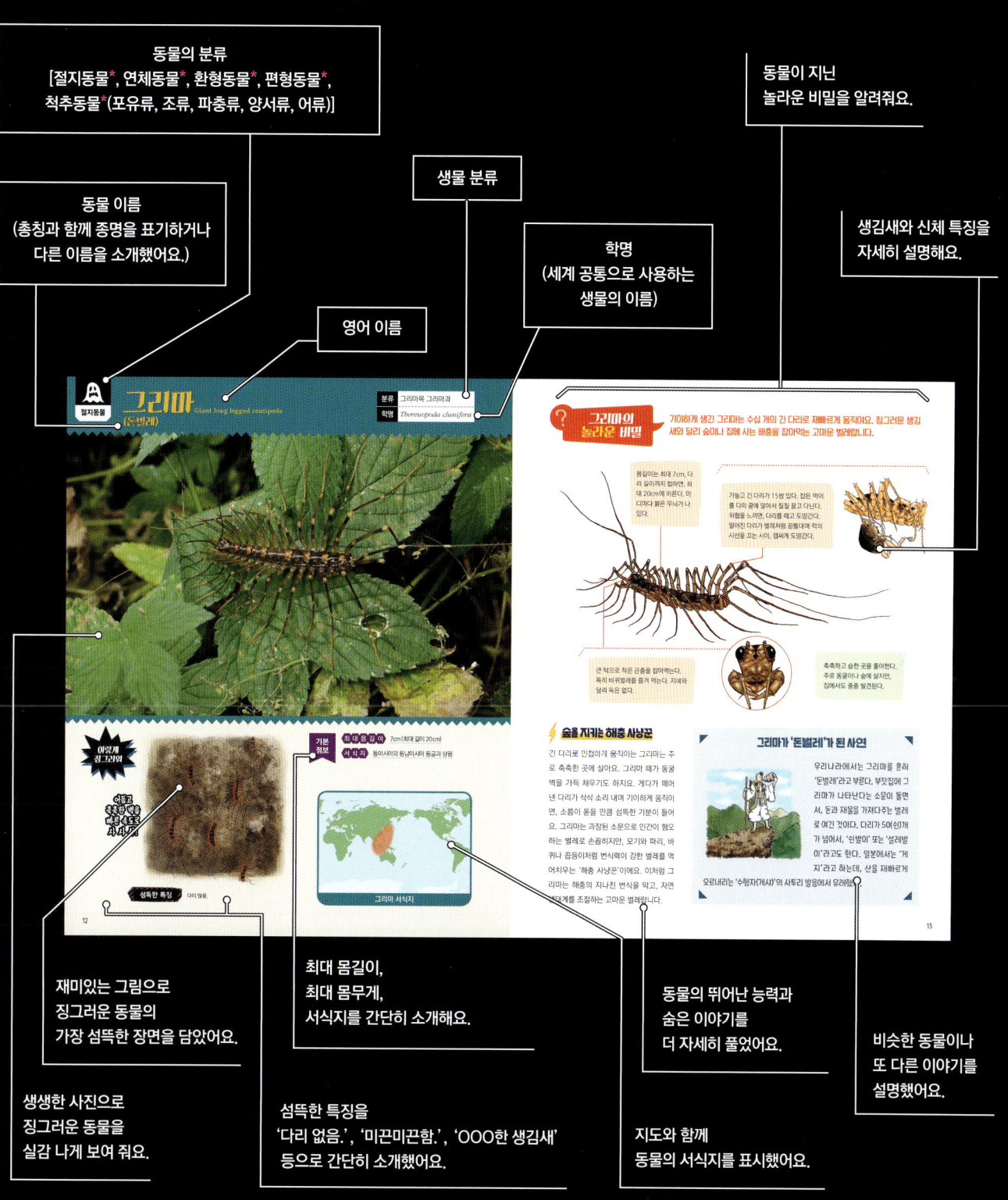

차례

시작하는 글 ·········· 2

이 책의 사용법 ·········· 3

미끌미끌한 몸, 수많은 다리의 정체는? ·········· 6

왜 징그럽다고 느낄까? ·········· 8

왜 징그럽게 생겼을까? ·········· 10

그리마(돈벌레) ·········· 12

아프리칸자이언트밀리페드(노래기) ·········· 14

농발거미 ·········· 16

세계 3대 희귀 벌레는 누구? ·········· 18

세계 3대 희귀 벌레란? ·········· 19

자이언트땅굴바퀴(코뿔소바퀴) ·········· 20

바나나민달팽이 ·········· 22

	지볼트지렁이	24
	육상플라나리아	26
	주름상어	28

최고 괴상한 심해 동물 모여라! ········ 30

❓ 심해 동물은 왜 이상하게 생겼을까? ········ 31

	피파개구리(수리남두꺼비)	32
	아홀로틀(멕시코도롱뇽)	34
	마타마타거북	36
	멕시코지렁이도마뱀	38
	개구리입쏙독새	40
	벌거숭이두더지쥐	42
	아이아이원숭이	44

마치는 글 ········ 46

찾아보기 ········ 47

미끌미끌한 몸 수많은 다리의 정체는?

징그러운 동물은 대부분 몸이 미끌미끌하거나 다리가 많이 달렸거나 생김새가 매우 독특해요. 이런 특징은 우리 눈에는 징그럽게 보이지만, 동물이 살아가는 데 꼭 필요한 조건이랍니다. 아래 등장하는 독특하고 개성 넘치는 동물들의 특징을 살펴보세요. 과연, 어떤 동물일까요?

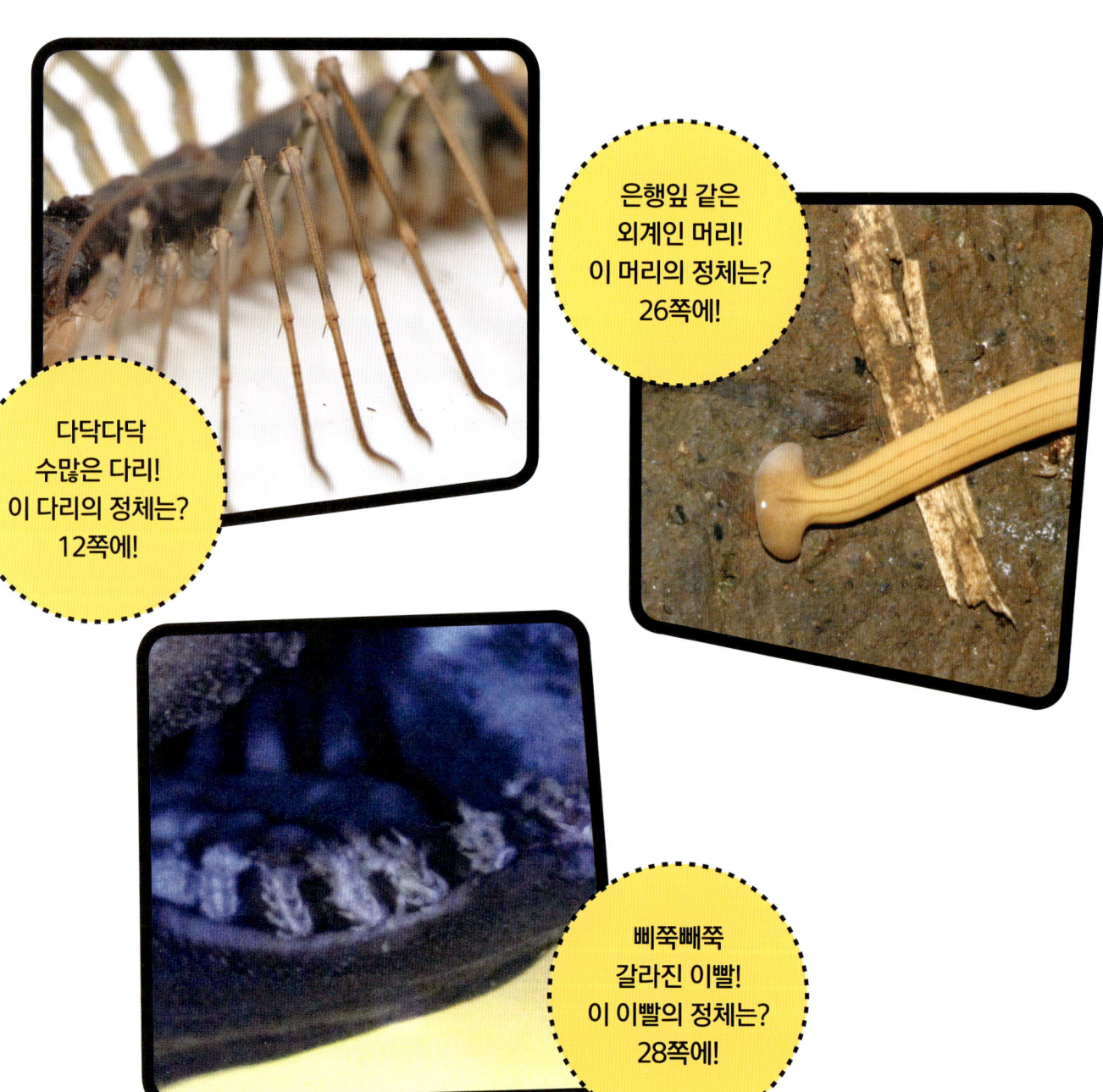

다닥다닥 수많은 다리! 이 다리의 정체는? 12쪽에!

은행잎 같은 외계인 머리! 이 머리의 정체는? 26쪽에!

삐쭉빼쭉 갈라진 이빨! 이 이빨의 정체는? 28쪽에!

(사진 제공 : 누마즈 심해 수족관)

바닥에 붙은
납작한 얼굴!
이 얼굴의 정체는?
32쪽에!

돌연변이
앞다리!
이 앞다리의 정체는?
38쪽에!

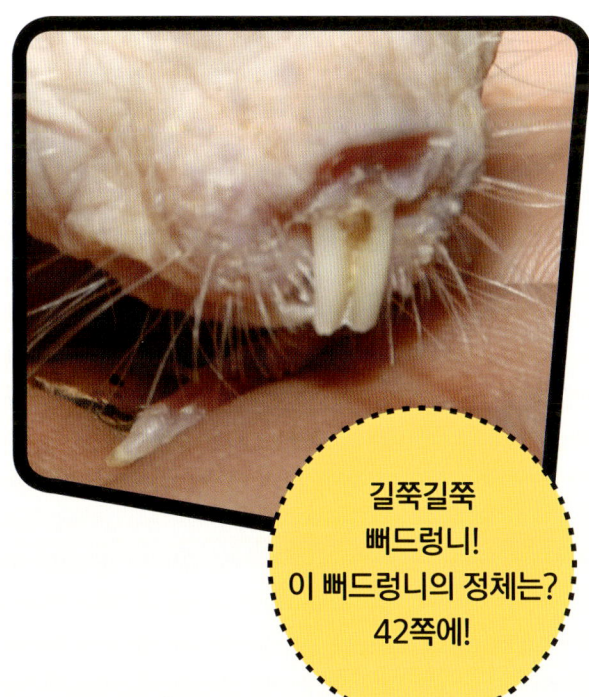

길쭉길쭉
뻐드렁니!
이 뻐드렁니의 정체는?
42쪽에!

악마 같은
기이한 손가락!
이 손가락의 정체는?
44쪽에!

7

왜 징그럽다고 느낄까?

생김새가 징그러운 동물들

지네 — 다리가 많다.

민달팽이 — 다리가 없다.

도롱뇽 — 미끈미끈하다.

벌거숭이두더지쥐 — 털이 없다.

⚡ 불쾌감이란?

마당에서 지네나 민달팽이를 보면, 어떤 기분이 드나요? '섬뜩하고 징그럽다'고 느끼진 않았나요? 인간은 대부분 낯선 생물과 마주한 순간, 불쾌감을 느껴요. 인간의 뇌는 낯선 생명체가 위험한지, 안전한지 바로 판단할 수 없기 때문에 만일의 위험을 대비해 먼저 '이상하다'고 인식하고, 피하도록 우리 몸에 지시를 내리는 거예요.

징그럽다고 느끼는 동물은 사람마다 다양하지만, 주로 다리가 많거나 없거나, 몸이 미끌미끌하거나 우툴두툴하거나, 털이 없는 특징들을 지녔어요. 그런데 이런 특징이 그 동물에겐 아주 유용할 때가 많답니다. 이 책을 보면서 낯선 동물이 왜 이상한지, 징그러운 특징은 어떤 쓸모가 있는지 함께 살펴보아요.

해충의 종류

위생 해충

모기

파리

진드기

농업 해충

바구미

혐오 해충

노래기

⚡ 해충과 익충

'해충'이란, 인간의 관점에서 인간 생활에 직접 또는 간접으로 해를 끼치는 곤충이나 작은 동물을 말해요. 해충의 종류는 크게 모기나 파리처럼 병원균을 옮기는 '위생 해충', 농작물에 해를 끼치는 '농업 해충', 산림 생태계에 해를 끼치는 '산림 해충', 특별히 해를 끼치진 않지만, 생김새나 움직임이 불쾌감을 주는 '혐오 해충'으로 나눌 수 있어요. 거미, 노래기, 그리마 종류가 혐오 해충에 속하지요. 반대로, 다른 해충을 잡아먹어서 사람에게 이로움을 주는 곤충이나 작은 동물을 '익충'이라고 해요. 익충은 농작물의 해충을 잡아먹거나 식량이나 약재로 쓰여 사람에게 도움을 주지요. 그런데 해충과 익충의 개념은 어디까지나 인간의 기준에서 나눈 것뿐이에요. 즉, 생물이 우리에게 해로움을 주는지, 이로움을 주는지를 놓고 가르는 건, 생명을 온전히 바라보는 방법이 아니지요. 우리가 해충이라고 여기는 생물도 자세히 들여다보면, 자연 생태계에서 자신의 특성에 맞게 살아가는 소중한 생명체랍니다.

왜 징그럽게 생겼을까?

마타마타거북은 특이해!

코와 목이 긴 마타마타거북.
코끝만 물 밖으로 내놓고 호흡한다.

⚡ 독특한 생김새의 비밀은?

우리가 징그럽게 여기는 동물은 대부분 생김새가 이상하거나 낯선 경우가 많아요. 독특한 생김새는 살아가는 환경에 가장 알맞은 모습으로 진화한 거예요. 동물들은 환경에 적응하기 위해 자신의 모습을 바꾸면서 지금까지 살아남을 수 있었지요. 이처럼 모든 생물은 변화를 거듭하며 생명을 이어간답니다. 숨거나, 먹이를 사냥하거나, 적을 방어하거나, 이동하거나…… 그 목적도 제각각 다양하지요.
동물의 눈으로 보면, 사람만큼 이상한 동물도 없을 거예요.

커다란 뇌를 지탱하며 두 발로 걷고, 두 손을 자유롭게 사용하는 낯설고 이상한 모습이니까요. 이렇게 진화한 인간은 지구에 '문명'을 일으켰지만, 다른 생물을 멸종시키는 실수도 저질렀지요. 따라서 우리 인간에겐 지구에서 살아가는 생명을 지켜 내야 할 막중한 임무가 주어졌답니다.

'생물 다양성 보존 중요 지점'이란?

'눈과 얼음으로 둘러싸인 지역', '타오르는 태양이 내리쬐는 지역' 등 지구에는 다양한 환경이 존재해요. 그 지역에는 그곳에만 사는 다양한 고유 생물이 존재하지요. 그런데 인간이 많은 영역을 차지하면서, 서식지가 파괴되고, 고유 생물이 빠른 속도로 사라져 가고 있어요. 국제보호협회는 이곳을 '생물 다양성 보존 중요 지점'으로 지정하고, 더는 생태계가 파괴되지 않도록 온갖 노력을 기울이고 있답니다. 생물 다양성 보존 중요 지점은 지구 육지 넓이의 2.4%에 불과해요. 그러나 지구에 사는 식물의 50%, 파충류의 40%, 양서류의 60%, 조류·포유류의 30%가 이곳에 살고 있어요. 그중에는 이 책에 나오는 징그러운 동물도 포함되지요. 인간을 비롯한 지구상 모든 생명체는 자연 생태계에서 서로 관계를 맺으며 살아가요. 분명한 사실은, 생물이 살 수 없는 환경에서는 인간도 결코 살아남을 수 없다는 거예요. 앞으로는 모든 인류가 다양한 생물이 공존하는 풍부한 자연환경을 지키는 데 더욱 힘을 모아야 해요.

생물 다양성 보존 중요 지점

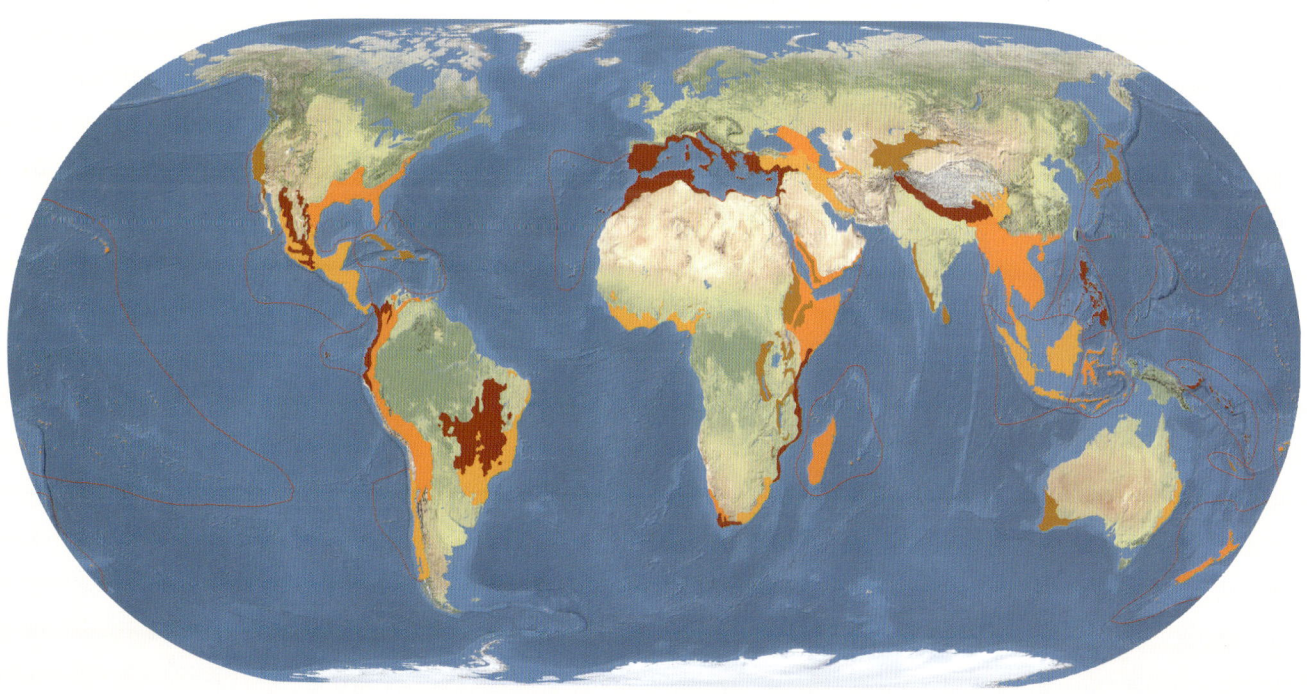

▲ 다양한 고유 생물이 서식하는 생물 다양성 보존 중요 지점.

(제공 : 국제보호협회 Conservation International)

절지동물

그리마
(돈벌레)
Giant long legged centipede

분류	그리마목 그리마과
학명	*Thereuopoda clunifera*

이렇게 징그러워!

어둡고 축축한 벽을 빠른 속도로 사사삭!

기본 정보

- 최대 몸길이: 7cm (최대 길이 20cm)
- 서식지: 동아시아와 동남아시아 동굴과 삼림

섬뜩한 특징 다리 많음.

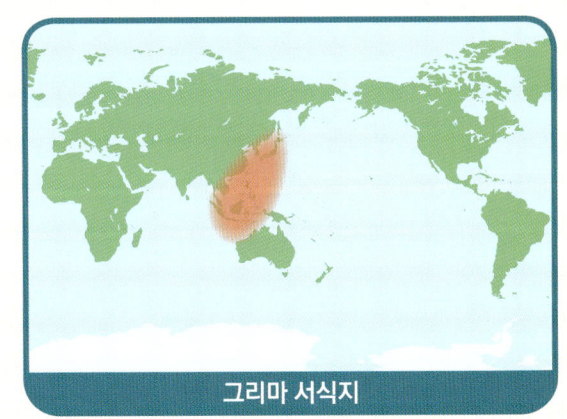
그리마 서식지

그리마의 놀라운 비밀

기이하게 생긴 그리마는 수십 개의 긴 다리로 재빠르게 움직여요. 징그러운 생김새와 달리 숲이나 집에 사는 해충을 잡아먹는 고마운 벌레랍니다.

몸길이는 최대 7cm, 다리 길이까지 합하면, 최대 20cm에 이른다. 마디마다 붉은 무늬가 나 있다.

가늘고 긴 다리가 15쌍 있다. 잡은 먹이를 다리 끝에 달아서 질질 끌고 다닌다. 위협을 느끼면, 다리를 떼고 도망간다. 떨어진 다리가 벌레처럼 꿈틀대며 적의 시선을 끄는 사이, 잽싸게 도망간다.

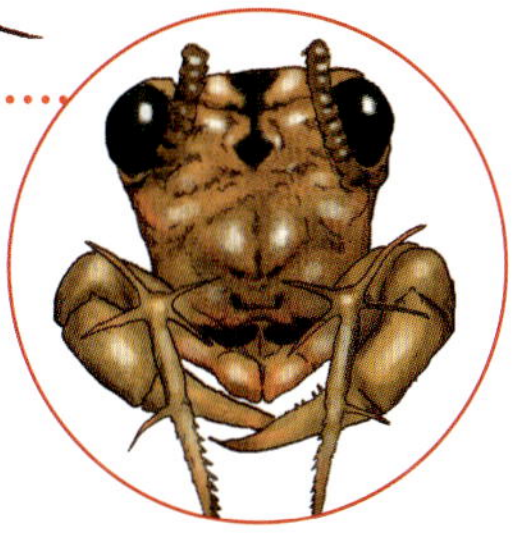

큰 턱으로 작은 곤충을 잡아먹는다. 특히 바퀴벌레를 즐겨 먹는다. 지네와 달리 독은 없다.

축축하고 습한 곳을 좋아한다. 주로 동굴이나 숲에 살지만, 집에서도 종종 발견된다.

숲을 지키는 해충 사냥꾼

긴 다리로 민첩하게 움직이는 그리마는 주로 축축한 곳에 살아요. 그리마 떼가 동굴 벽을 가득 채우기도 하지요. 게다가 떼어 낸 다리가 삭삭 소리 내며 기이하게 움직이면, 소름이 돋을 만큼 섬뜩한 기분이 들어요. 그리마는 과장된 소문으로 인간이 혐오하는 벌레로 손꼽히지만, 모기와 파리, 바퀴나 꼽등이처럼 번식력이 강한 벌레를 먹어치우는 '해충 사냥꾼'이에요. 이처럼 그리마는 해충의 지나친 번식을 막고, 자연 생태계를 조절하는 고마운 벌레랍니다.

그리마가 '돈벌레'가 된 사연

우리나라에서는 그리마를 흔히 '돈벌레'라고 부른다. 부잣집에 그리마가 나타난다는 소문이 돌면서, 돈과 재물을 가져다주는 벌레로 여긴 것이다. 다리가 50(쉰)개가 넘어서, '쉰발이' 또는 '설레발이'라고도 한다. 일본에서는 '게지'라고 하는데, 산을 재빠르게 오르내리는 '수행자(게샤)'의 사투리 발음에서 유래했다.

절지동물

아프리칸자이언트밀리페드
(노래기) African giant millipede

분류	노래기목 노래깃과
학명	*Archispirostreptus gigas*

기본 정보
- 최대 몸길이: 30cm
- 서식지: 아프리카 동부~남부 열대우림

이렇게 징그러워!

수백 개 다리가 물결치듯 움직여!

  다리 많음.

섬뜩한 특징

아프리칸자이언트밀리페드 서식지

아프리칸자이언트밀리페드의 놀라운 비밀

수백 개의 다리가 달린 거대한 아프리칸자이언트밀리페드는 지렁이처럼 흙을 기름지게 하는 분해자 역할을 담당하지요.

몸 마디마다 짧은 다리가 2쌍씩 나 있다. 다리 개수가 무려 256개 정도이다. 주로 축축한 땅에 살지만, 나무를 오르기도 한다.

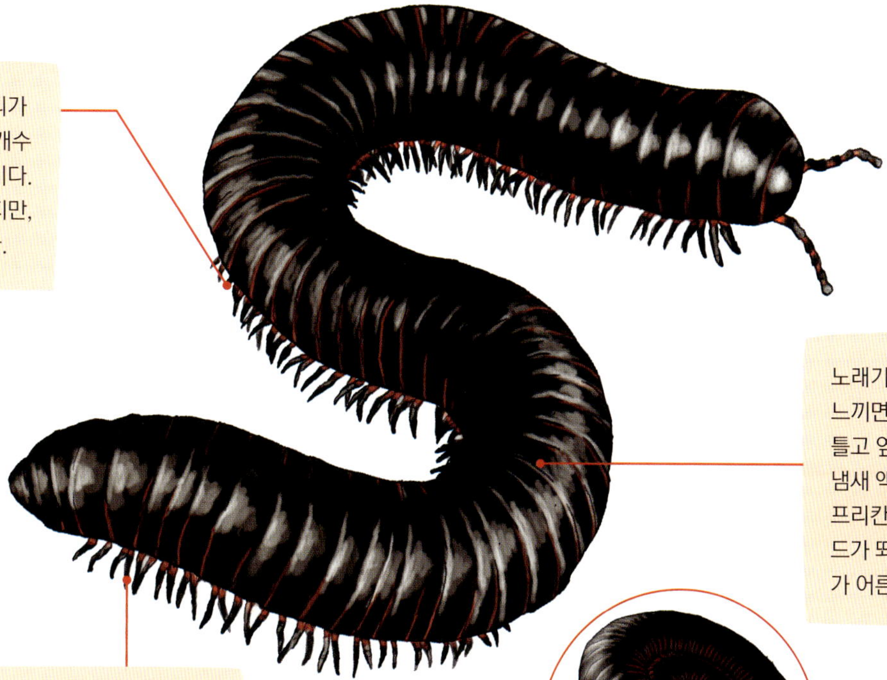

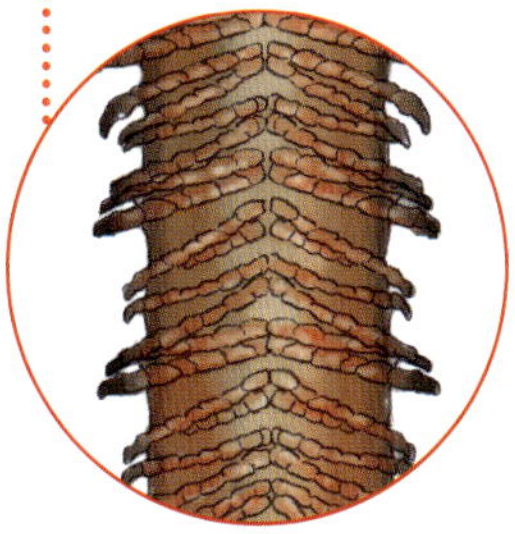

노래기 종류는 위협을 느끼면, 뱀처럼 똬리를 틀고 옆구리에서 지독한 냄새 액을 내뿜는다. 아프리칸자이언트밀리페드가 똬리를 틀면, 크기가 어른 손바닥만 하다.

수많은 다리로 물 흐르듯이 움직이지만, 이동 속도는 느리다.

흙을 기름지게 하는 거대한 농부

아프리칸자이언트밀리페드는 지구상 가장 거대한 노래기예요. 거대하고 까만 몸, 짧고 가는 다리가 수도 없이 달려 있지요. 독이 있지만, 독성 약한 악취를 뿜는 정도여서 사람에게 해를 끼치지 않아요. 게다가 공격적이지 않고 온순한 편이라 애완동물로도 인기가 많지요. 주로 땅에 있는 낙엽이나 버섯, 과일, 죽은 동물 등을 즐겨 먹는데, 지렁이처럼 흙 속에 양분을 만들어 토양을 비옥하게 만드는 '분해자' 역할을 담당한답니다.

공벌레 닮은 공노래기

학명 : *Sphaerotherium hippocastaneum*
영어 이름 : Madagascar pill millipede
전체 길이 : 10cm
서식지 : 마다가스카르 삼림 지대

'메가볼'이라 부르는 노래기 종류로, 겉모습이 마치 거대한 공벌레처럼 생겼다. 몸집 큰 공노래기가 둥글게 몸을 말면, 테니스공 정도만 하다. 공노래기의 생태에 관해 알려진 사실이 거의 없어 사육이 꽤 까다롭다.

절지동물	# 농발거미 Brown huntsman spider	분류	거미목 농발거밋과
		학명	*Heteropoda venatoria*

이렇게 징그러워!

바퀴가 있는 곳이라면, 어디든 달려간다!

섬뜩한 특징 다리 많음.

기본 정보
- 최대 몸길이: 3cm(최대 길이 20cm)
- 서식지: 세계 온난 지역

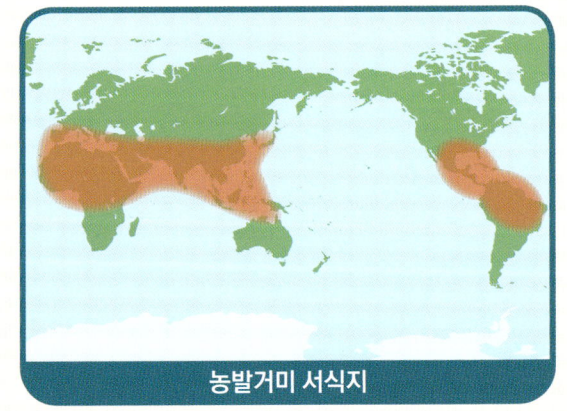

농발거미 서식지

농발거미의 놀라운 비밀

거대한 농발거미는 종종 집 안에 나타나 사람들을 깜짝 놀라게 한답니다. 특히 바퀴벌레를 좋아해서 하룻밤에 20마리 넘게 먹어치운다고 해요.

몸집이 크지만, 사람 눈이 따라갈 수 없을 만큼, 매우 빠르게 움직인다. 바퀴나 파리처럼 날렵한 벌레도 쉽게 사냥한다.

보통 거미와 달리, 거미줄을 치지 않고, 돌아다니며 먹이를 사냥한다. 먹잇감은 송곳니에서 나오는 소화액을 주입한 뒤, 흐물흐물하게 녹여 '후룩' 먹는다.

야행성으로, 저녁 무렵부터 활동한다. 1년 내내 볼 수 있으며, 알을 낳으려고 주로 초여름에 먹잇감을 사냥하러 돌아다닌다. 추위에 약해 겨울에는 거의 활동하지 않는다.

암컷 농발거미는 알을 거미줄로 감싸 알주머니(난낭)를 만든 다음, 새끼가 부화할 때까지 알주머니를 데리고 다닌다. 이때 먹이는 먹지 않는다.

⚡ '바퀴 사냥꾼' 농발거미

한국과 일본, 중국, 미국 등 따뜻한 지역에 널리 서식하는 농발거미는 다리를 포함한 전체 길이가 20cm가 넘는 초대형 거미예요. 주로 산속 오두막, 욕실과 화장실, 거실 등에 자주 나타나는데, 거대한 몸집을 보고, 사람들이 화들짝 놀라기도 하지요. 특히, 바퀴벌레를 좋아해서 바퀴가 사는 곳을 자신의 주 무대로 삼아요. 농발거미는 미세한 진동을 감지하고, 바퀴벌레보다 뛰어난 운동 신경을 지녔어요. 다리가 두툼하고 길지만, 눈 깜짝할 속도로 민첩하게 움직여요. 재빠르게 도망치는 바퀴벌레도 순식간에 낚아채 소화액을 주입한 뒤, 잡아먹지요. 이처럼 농발거미는 해충을 물리치는 '바퀴 전문 사냥꾼'이자, 인간을 공격하지 않는 이로운 동물이랍니다.

세계 3대 희귀 벌레는 누구?

채찍거미
(테일레스휩스콜피온)

학명	*Damon diadema*
영어 이름	Tailless whip scorpion
전체 길이	20cm
서식지	탄자니아 열대우림과 동굴

몸집이 납작하고, 몸길이가 약 5cm이다. 긴 다리 4개와 팔처럼 생긴 '촉지'*라는 감각 기관이 있다. 생김새가 외계 생명체처럼 기이해서 '세계에서 가장 섬뜩한 벌레'로 손꼽힌다.

* 촉지 : 절지동물 중 일부에 있으며, 더듬이나 다리와 비슷한 촉각 기관으로 '더듬이다리'라고도 한다.

낙타거미
(솔리퓨게)

학명	*Solifugae*
영어 이름	Sun spider
전체 길이	10cm
서식지	이집트 건조 지역

1,000종 넘는 낙타거미 가운데 초대형 종이다. 다리는 모두 10개이고, 매우 공격적이다. 강력한 턱과 비슷한 '협각'*이라는 기관으로 곤충부터 작은 파충류까지 잡아먹는다.

* 협각 : 절지동물 중 일부에 있으며, 턱과 비슷하고 집게발처럼 물체를 잡을 수 있다.

식초전갈
(아마미휩스콜피온)

학명	*Typopeltis stimpsonii*
영어 이름	Amami whip scorpion
전체 길이	8cm
서식지	일본 가고시마와 오키나와 삼림

꼬리 끝에 난 큰 집게가 전갈과 비슷하나 독침은 없다. 성격은 온순하지만, 위협을 느끼면 채찍처럼 생긴 꼬리 끝에서 식초 냄새가 나는 아세트산을 내뿜는다. '채찍전갈'이라고도 한다.

세계 3대 희귀 벌레란?

 세계에서 손꼽힐 만큼 생김새가 희귀한 벌레를 말해요. 채찍거미, 낙타거미, 식초전갈이 세계 3대 희귀 벌레에 속하지요.

세계 3대 희귀 벌레

생김새가 아주 독특한 벌레를 '희귀 벌레', 또는 '기충'이라고 해요. 그중 채찍거미, 낙타거미, 식초전갈이 '세계 3대 희귀 벌레'로 손꼽힌답니다. 이들은 '희귀 벌레'지만, 곤충이 아니라 거미와 같은 무척추동물(절지동물)에 속해요. 주로 곤충과 작은 파충류를 잡아먹는 육식 동물이지요. 겉모습만 보면, 징그럽고 오싹한 기분이 들지만, 이런 특징에 매력을 느껴 애완동물로 키우는 사람도 많답니다.

세계 3대 희귀 동물

특이한 생김새나 독특한 생활을 하는 척추동물을 '희귀 동물'이라고 해요. 자이언트판다, 오카피, 애기하마가 '세계 3대 희귀 동물'로 손꼽히지요. 이들에 관해 알려진 사실은 아직 많지 않아요. 게다가 사육이 허가된 동물원도 아주 일부라고 해요.

▲ 자이언트판다

채식을 하는 특이한 곰이다. 주로 대나무와 조릿대를 즐겨 먹는다. 육식동물과 유사한 소화기관을 지녔으나, 장 속 미생물이 식물의 섬유질을 분해한다.

▲ 오카피

언뜻 보면, 줄무늬가 있는 얼룩말 같지만, 실제로는 기린과에 속한다. 우제목인 말과 기린은 발굽 개수로 구별하는데, 말은 발굽이 1개이고, 기린은 발굽은 2개다. 오카피 역시 2개의 발굽을 지녔다.

▲ 애기하마

'피그미하마'라고도 한다. 보통 하마와 비교해 몸집이 3분의 1, 몸무게가 10분의 1정도로 작다. 밀림에 살기 알맞게 작은 몸집으로 진화했다. 저지대에 있는 삼림이나 늪에 살며, 밤이 되면 나뭇잎이나 과일을 먹으러 돌아다닌다.

절지동물

자이언트땅굴바퀴
(코뿔소바퀴) Giant burrowing cockroach

분류	바퀴목 왕바큇과
학명	*Macropanesthia rhinoceros*

이렇게 징그러워!

세상에서 가장 크고 무거운 바퀴!

기본 정보
- 최대 몸길이: 10cm
- 서식지: 오스트레일리아 동북부 삼림 땅속

자이언트땅굴바퀴 서식지

섬뜩한 특징 반질반질함.

20

자이언트땅굴바퀴의 놀라운 비밀

오스트레일리아에 서식하는 자이언트땅굴바퀴는 풍뎅이처럼 둥글고 거대해서 곤충 애호가 사이에서 아주 인기가 많답니다.

다 자란 수컷은 머리 끝이 볼록 튀어나와서 암컷과 구별하기가 쉽다.

몸은 갈색빛으로 반질반질하며, 보통 바퀴와 달리 날개가 없다. 최대 몸무게가 35g으로, 세계에서 가장 무거운 바퀴벌레이다. 움직임은 느리다.

'땅굴 파기 선수'로 최대 1m까지 땅을 판다. 땅속에 큰 둥지를 짓고, 가족 단위로 생활한다. 주로 유칼립투스 잎을 갉아 먹고, 다른 식물의 낙엽을 먹기도 한다. 수명이 길어서, 10년 이상 사는 개체도 있다.

짧고 튼튼한 다리에 가시가 돋아 있다. 단단한 흙도 파헤칠 만큼 다리 힘이 세다.

우리나라에서는 아직 정식 이름이 없으나, 코뿔소 같이 커서 '코뿔소바퀴'라고 부른다. 일본에서는 '갑옷두더지바퀴'라고도 부른다.

⚡ 오손도손 코뿔소바퀴 가족

오스트레일리아 동북부에 서식하는 자이언트땅굴바퀴는 유칼립투스 숲의 땅속에서 생활해요. 바퀴 가운데 가장 무겁고, 튼튼한 다리로 '땅굴 파기 선수'라는 별명도 붙었지요. 땅속에 여러 개의 방으로 이어진 둥지를 짓는데, 방과 방 사이가 수 m까지 이어져 있어요. 수컷과 암컷, 새끼들이 가족을 이루며 살고, 부부가 함께 새끼를 돌보지요. 반년쯤 지나면, 다 자란 새끼는 둥지를 떠나요. 둥글고 거대한 몸집과 가족끼리 옹기종기 생활하는 자이언트땅굴바퀴는 해충으로 여기는 보통 바퀴와는 달리, 곤충 애호가 사이에서 아주 인기가 많답니다.

작고 귀여운 비단바퀴

학명 : *Eucorydia yasumatsui*
영어 이름 : Japanese polyphagid cockroach
몸길이 : 1cm
서식지 : 일본 야에야마 제도 삼림

작고 귀여운 비단바퀴는 주로 인적 없는 산이나 숲에 산다. 몸 빛깔이 푸른빛이 도는 검은색을 띠고, 암컷을 유혹하기 위해 수컷에게만 날개가 달려 있다. 주로 일본에 서식한다.

연체동물

바나나민달팽이 Banana slug

분류	진유폐목 민달팽잇과
학명	*Ariolimax columbianus*

이렇게 징그러워!

세상에! 바나나랑 꼭 닮았네.

기본 정보
- 최대 몸길이 25cm
- 서식지 북아메리카 북서부 삼림

섬뜩한 특징 다리 없음. 미끌미끌함.

바나나민달팽이 서식지

22

바나나민달팽이의 놀라운 비밀

바나나가 움직인다고요? 노란 바나나를 쏙 빼닮은 바나나민달팽이는 미끌미끌한 몸으로 땅바닥을 기어 다니며 숲을 가꾸는 고마운 청소부랍니다.

4개의 촉수가 위아래로 한 쌍씩 나 있다. 위쪽의 긴 광학 촉수는 빛과 움직임을 감지하고, 아래쪽의 짧은 감각 촉수는 냄새와 맛을 감지한다.

대부분 민달팽이는 피부와 폐로 숨을 쉰다. 외투막의 오른쪽에는 '호흡공'이라는 숨구멍이 있는데, 때때로 호흡공을 활짝 열어 몸 안의 가스를 바깥으로 내보낸다.

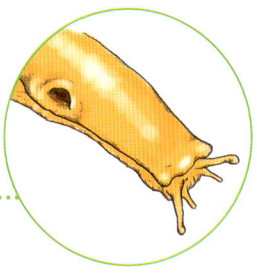

딱딱한 껍데기 대신, '외투막'이라는 질긴 피부로 덮여 있다. 외투막은 생식기와 항문을 보호하고, 폐처럼 공기를 저장하는 역할을 담당한다.

온몸에서 끈끈한 점액질을 분비한다. 마찰을 줄이기 위해 점액 위로 미끄러지듯이 기어 다닌다.

사는 곳이나 먹이에 따라 몸 빛깔과 무늬가 다르다. 노란색, 갈색, 흰색, 까만 점박이 무늬 등 제각각이다.

⚡ 숲을 가꾸는 노란 청소부

바나나민달팽이는 이름대로 샛노란 바나나처럼 생긴 민달팽이 종류예요. 크기가 30cm되는 세계에서 가장 큰 유럽민달팽이와 맞먹고, 몸무게는 150g이나 더 무겁지요. 보통 민달팽이처럼 피부 호흡을 하는데, 온몸에서 나오는 미끈미끈한 점액이 산소를 잘 흡수하게 되요. 바나나민달팽이는 숲의 흙을 기름지게 만드는 청소부이기도 해요. 낙엽이나 버섯, 동물의 배설물을 먹으며, 흙에 영양분을 공급하는 숲 생태계의 분해자 역할을 담당하지요.

민달팽이 친구, 산민달팽이

학명 : *Meghimatium fruhstorferi*
영어 이름 : roundback slug
전체 길이 : 16cm
서식지 : 한국과 일본 삼림

산속에 사는 민달팽이로, 큰 개체의 경우 크기가 손바닥만 하며 열매나 버섯을 즐겨 먹는다. 표고버섯을 좋아해서 농사에 피해를 입히지만, 사람에게 직접 해를 끼치지는 않는다.

환형동물

지볼트지렁이
Siebold earthworm

분류	지렁이목 큰지렁잇과
학명	*Pheretima sieboldi*

기본정보
- 최대 몸길이 100cm
- 서식지 서일본 삼림

이렇게 징그러워!

파란 지렁이 떼가 우글우글!

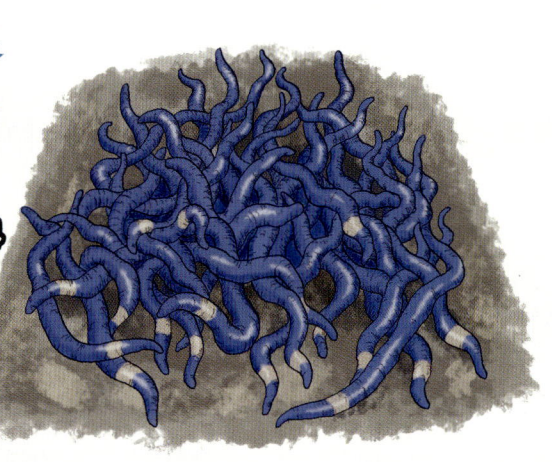

섬뜩한 특징 다리 없음. 미끈미끈함.

지볼트지렁이 서식지

지볼트지렁이의 놀라운 비밀

푸른빛의 거대한 지볼트지렁이는 봄과 가을이 되면, 수천 마리 지렁이 떼가 스파게티 면처럼 서로 얽혀서 집단 이동을 해요.

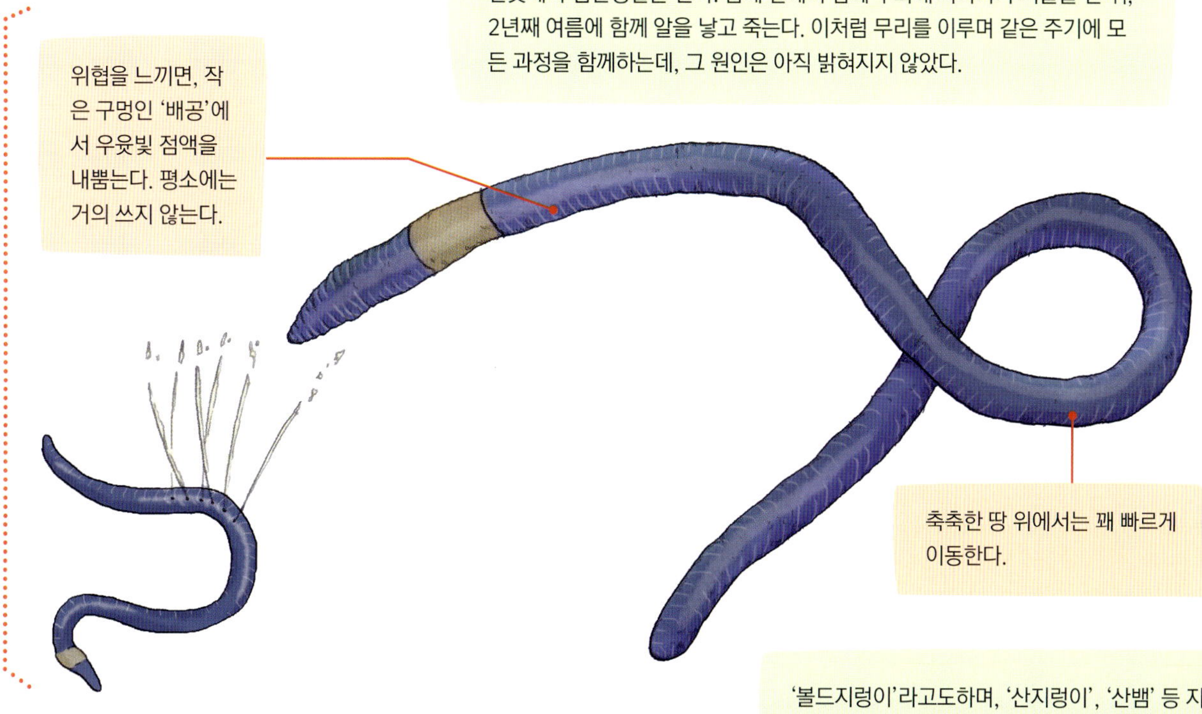

> 한곳에서 집단생활을 한다. 봄에 알에서 함께 부화해 자라다가 겨울을 난 뒤, 2년째 여름에 함께 알을 낳고 죽는다. 이처럼 무리를 이루며 같은 주기에 모든 과정을 함께하는데, 그 원인은 아직 밝혀지지 않았다.

> 위협을 느끼면, 작은 구멍인 '배공'에서 우윳빛 점액을 내뿜는다. 평소에는 거의 쓰지 않는다.

> 축축한 땅 위에서는 꽤 빠르게 이동한다.

> '볼드지렁이'라고도 하며, '산지렁이', '산뱀' 등 지역마다 부르는 이름이 제각각이다. 일본에만 서식한다.

⚡ 파란 지렁이의 집단 이동

거대한 지볼트지렁이는 주로 서일본 숲에 살아요. 한 마리를 자세히 들여다보면, 매끈한 몸과 반짝이는 청자색으로 아름다운 자태를 뽐내고 있지요. 그런데 우글우글 떼를 지어 이동하는 지볼트지렁이 무리를 본다면, 생각이 달라질 거예요. 무리가 마치 하나의 괴생명체처럼 섬뜩하게 보이니까요. 이들은 평소에는 땅속에서 지내다가 봄과 가을에 축축한 골짜기로 와서 겨울을 나지요. 지볼트지렁이는 일본 나가사키에서 활동하던 독일 출신의 의사이자 과학자인 지볼트(Siebold)가 파란 지렁이를 유럽에 소개하면서 붙여진 이름이랍니다.

파란지렁이를 유럽에 알린 생물학자

필리프 프란츠 폰 지볼트
(Philipp Franz Balthasar von Siebold, 1796-1866)

필리프 프란츠 폰 지볼트는 일본에 최초로 서양 의학을 전파한 의학자이자 생물학자이다. 또한, 유럽에 일본의 문화와 동식물을 전하기도 했다. 그 안에 지볼트지렁이와 멸종된 일본늑대도 포함돼 있다.

편형동물

육상플라나리아 Land planaria

분류	삼기장목 플라나리아과
학명	*Bipalium nobile*

이렇게 징그러워!

온몸으로 지렁이를 감아서 녹여먹어!

기본 정보

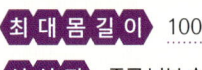
- 최대 몸길이 100cm
- 서식지 중국 남부 습지대

섬뜩한 특징 다리없음. 미끈미끈함.

육상플라나리아 서식지

육상플라나리아의 놀라운 비밀

뱀도 지렁이도 거머리도 아닌 이 신기한 동물은 축축한 땅 위에 사는 육상플라나리아라고 해요. 몸통이 잘려도 재생되는 신기한 능력을 지녔지요.

몸 한가운데 하얗게 돌출된 부위가 입이자 항문이다. 입과 항문이 같아서 먹는 곳과 배설하는 곳이 같다. 먹잇감에 끈끈한 점액을 분비해 천천히 녹여 먹는다. 주로 지렁이, 민달팽이 또는 곤충을 잡아먹는다.

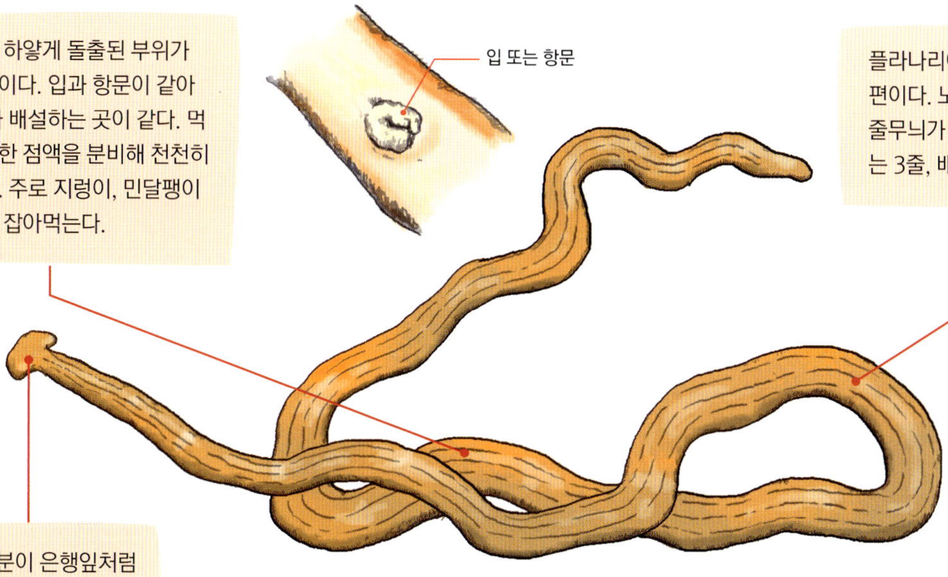

입 또는 항문

플라나리아 중에서도 몸이 긴 편이다. 노란색 몸바탕에 갈색 줄무늬가 길게 나 있다. 등에는 3줄, 배에는 2줄이 있다.

머리 끝부분이 은행잎처럼 생겼다. 일본에서는 머리에 꽂는 비녀 '코우가이'와 비슷해서 '코우가이빌'이라고도 부른다.

일본 전통 비녀, 코우가이

물속에 사는 플라나리아나 거머리와 달리, 육상플라나리아는 축축한 땅 위에 산다. 건조한 것을 매우 싫어하며, 주로 습한 땅이나 돌 아래에서 지낸다.

⚡ 플라나리아의 신기한 능력

머리가 은행잎 모양인 육상플라나리아는 주로 밤에 활동하며 습한 곳을 찾아 돌아다녀요. 원래는 중국 남부에 서식했으나, 현재 우리나라와 일본의 숲이나 공원에서도 종종 발견된다고 해요. 플라나리아 종류는 거머리와 비슷해 보이지만, 피를 빠는 거머리와는 전혀 다른 종이에요. 재생력이 뛰어나 상처가 나도 며칠 뒤면 원래대로 아물지요. 또, 몸통의 일부분이 잘려도 각각 다른 개체로 재생되는 특별한 능력을 지녔답니다.

피를 빠는 흡혈 거머리

거머리는 '환형동물'에 속하며, 피를 빠는 것과 빨지 않는 것, 육지에 사는 것과 물속에 사는 것으로 나뉜다. 피를 빠는 거머리에는 육지에 사는 산거머리와 논에서 사는 참거머리가 대표적이다. 동남아시아에 사는 열대참거머리는 몸길이가 무려 40cm나 된다.

 어류

주름상어 Frilled shark

분류	신락상어목 주름상엇과
학명	*Chlamydoselachus anguineus*

(사진제공: 누마즈 심해 수족관)

이렇게 징그러워!

특종! 심해에 사는 괴수 등장!

섬뜩한 특징 무서운 생김새.

기본 정보
- 최대 몸길이 2m
- 최대 몸무게 18kg
- 서식지 세계 전 지역 심해

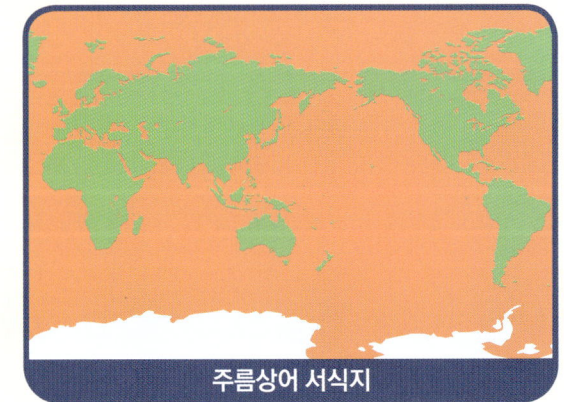

주름상어 서식지

28

주름상어의 놀라운 비밀

'심해의 괴수', '살아있는 화석'으로 불리는 주름상어는 1억 5천만 년 전부터 지금까지 예전 모습 그대로 살아남은 희귀 상어랍니다.

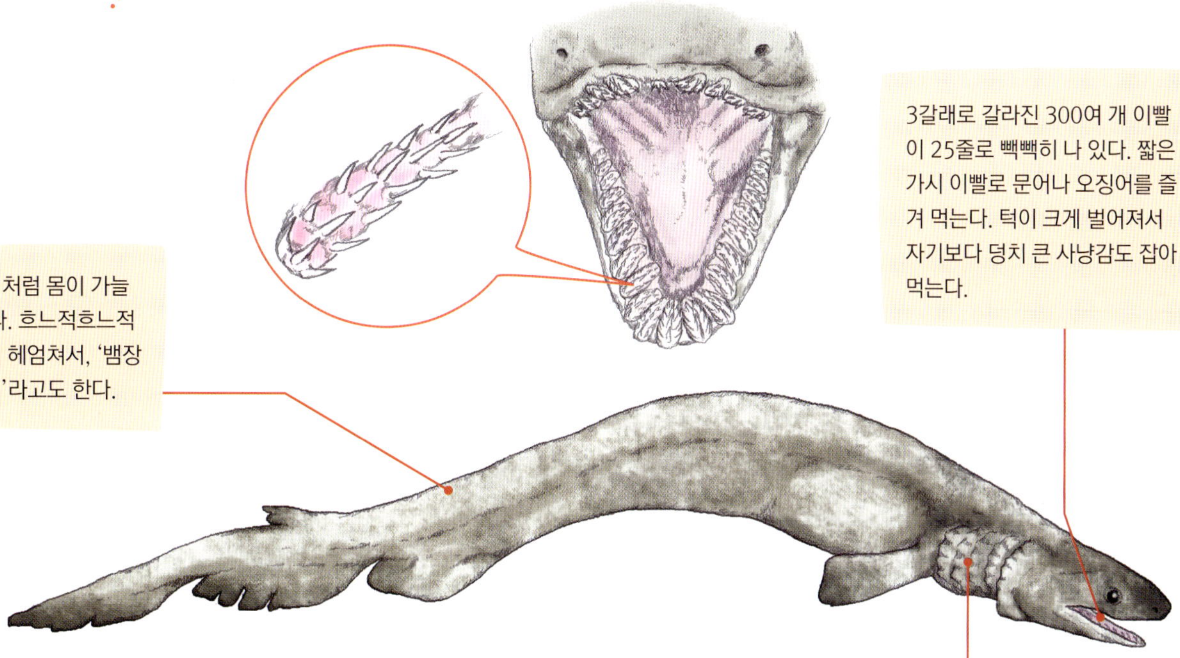

뱀장어처럼 몸이 가늘고 길다. 흐느적흐느적 느리게 헤엄쳐서, '뱀장어상어'라고도 한다.

3갈래로 갈라진 300여 개 이빨이 25줄로 빽빽히 나 있다. 짧은 가시 이빨로 문어나 오징어를 즐겨 먹는다. 턱이 크게 벌어져서 자기보다 덩치 큰 사냥감도 잡아먹는다.

암컷 주름상어는 배 속에서 알을 부화시킨다. 알에서 나온 치어*가 60cm 정도 자랄 때까지 몸속에서 키운 다음, 밖으로 내보낸다. 이로 인해 암컷 몸길이가 수컷보다 더 길다. 새끼가 어미 몸속에 있는 기간은 무려 3년이나 되는데, 임신 기간이 척추동물 중 가장 길다.

보통 상어는 아가미가 5줄이지만, 원시 상어의 특징을 지닌 주름상어는 아가미가 6줄이다.

갓 부화한 치어. 알껍데기가 그대로 달려 있다.

* 치어 : 알에서 부화한 새끼 물고기.

⚡ 수수께끼로 가득한 신비로운 상어

수심 500~1,000m 심해에 사는 주름상어는 원시 상어의 특징이 그대로 남아 있는 희귀 상어예요. '살아있는 화석'으로, 공룡이 살던 쥐라기 시대(2억 년 ~ 1억 4천 5백만 년 전)부터 지금까지 변함없는 모습으로 살아왔지요. 심해에 사는 주름상어의 개체 수는 정확히 파악하기 어려워요. 간혹, 어선 그물망에 잡혀 올라온다고도 해요. 게다가 심해 조건과 같은 환경을 갖추기가 어려워 생활 습성도 정확히 알아내기가 힘들지요. 영어 이름인 프릴샤크(Frill shark)는 '주름 잡힌 상어'라는 뜻으로, 아가미가 마치 장식 주름을 잡은 것처럼 생겼어요. 원시 상어처럼 턱 힘은 약하지만, 3갈래로 갈라진 300개 넘는 이빨로 먹잇감이 빠져나가지 못하게 단단히 물 수 있지요. 섬뜩한 주름상어의 생김새를 모방해 영화 <신 고질라>(2016)가 제작되기도 했답니다.

최고 괴상한 심해 동물 모여라!

* 초롱아귀 암컷.

초롱아귀

학명	*Himantolophus groenlandicus*
영어 이름	Atlantic footballfish
전체 길이	50cm(암컷), 4cm(수컷)
서식지	태평양·대서양·인도양 심해

초롱아귀 암컷은 촉수 끝에 초롱처럼 생긴 발광체가 달려 있다. 발광체의 빛으로 작은 물고기를 유인해 사냥한다. 짝짓기 방식도 아주 특이하다. 작은 수컷이 암컷 몸에 파고들어 정자를 배출하는 '고환'으로 변하고, 암컷은 고환에서 나온 정자로 알을 낳는다.

먹장어

학명	*Myxinidae*
영어 이름	Hagfish
전체 길이	70cm
서식지	세계 전 지역 온대 바다

먹장어는 어류가 아니라 턱이 없는 '무악류'로, 가장 원시적인 척추동물에 속한다. 젤리 같은 끈끈한 점액으로 피부를 보호한다. 위협을 느끼면, 계속해서 점액을 분비한다. 주로 죽은 물고기를 파먹는다.

카이트핀상어

학명	*Dalatias licha*
영어 이름	Kitefin shark
전체 길이	160cm
서식지	세계 전 지역 따뜻한 심해

심해에 사는 상어 종류로 느리게 헤엄친다. 큰 눈과 짧은 주둥이가 특징이다. 먹잇감을 아래턱으로 찍어, 살점을 동그랗게 도려내서 먹는다. 이빨이 날카롭고, 무는 힘이 강력해서 먹이를 물면 절대 놓지 않는다. 자기보다 덩치 큰 먹이도 잡아먹는다. '돔발상어'라고도 한다.

(사진 제공 : 누마즈 심해 수족관)

심해 동물은 왜 이상하게 생겼을까?

아하! 혹독한 심해 환경에서 살아남기 위해 저마다 특이한 모습으로 변했어요.

심해 동물의 특징

수심 200m 이상인 깊은 바다에 사는 동물을 '심해 동물'이라고 해요. 심해는 수압이 높고, 수온은 아주 낮아요. 수심 1,000m일 때, 수온이 2~4℃이며, 햇빛이 닿지 않는 어두운 곳이지요. 이런 혹독한 심해 환경에서 살아남은 심해 동물은 육지 동물과는 아주 다른 특징을 지녔어요. 눈이 퇴화한 대신, 빛을 예민하게 감지하는 능력이 육지 동물보다 몇 배 이상 뛰어나지요. 또, 어두운 심해 환경에서는 햇빛으로 광합성을 하는 식물이나 식물성 플랑크톤이 살지 못해요. 그래서 심해 동물은 식물이나 식물성 플랑크톤을 먹고 사는 동물의 사체를 먹으며 영양분을 보충한답니다.

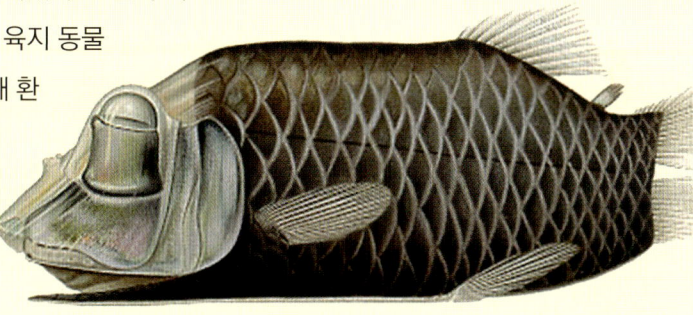

▶ 머리 전체가 투명한 볼록눈물고기. '통안어' 또는 '배럴아이'라고도 한다. '관상안'이라는 특이한 눈으로 어두운 심해를 볼 수 있다.

심해 동물이 물 위로 올라오면 어떻게 변할까?

심해 동물은 아직 밝혀진 사실이 많지 않다. 심해 동물이 물 위로 올라오면, 급격한 수압* 변화로 몸이 부풀어 오르거나 눈이 튀어나올 수 있다. 따라서 심해 상태와 같은 온전한 모습을 관찰하는 것은 거의 불가능하다. 대신, 심해 동물이 아주 느린 속도로 얕은 바다에 올라오면, 급격한 변화를 방지할 수 있다.

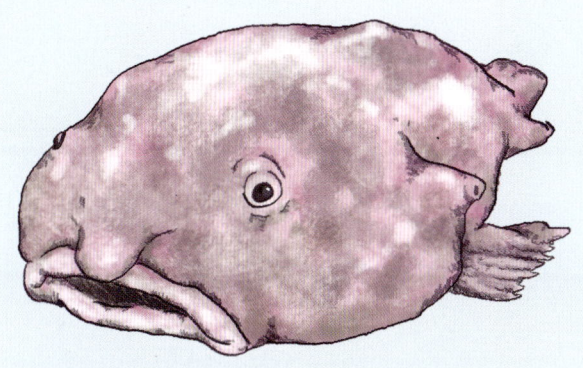

* 수압 : 물체를 수직으로 누르는 물의 압력 또는 힘. 수심이 깊을수록 수압이 높다.

▶ 심해어 '블롭피시'는 온몸이 젤라틴으로 이루어져 있는데, 육지로 올라오면 흐물흐물하게 변한다.

양서류

피파개구리 Surinam toad
(수리남두꺼비)

분류	개구리목 피파과
학명	*Pipa pipa*

이렇게 징그러워!

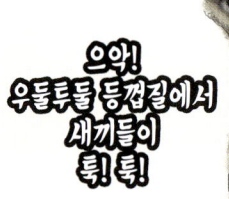
으악! 우둘투둘 등껍질에서 새끼들이 툭! 툭!

섬뜩한 특징 우둘투둘함.

 기본정보

- 최대 몸길이: 15cm
- 최대 몸무게: 500g
- 서식지: 남아메리카 북부 아마존강 또는 습지

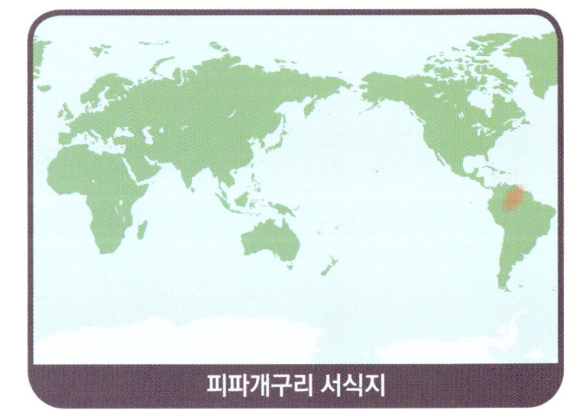

피파개구리 서식지

32

피파개구리의 놀라운 비밀

낙엽처럼 납작한 피파개구리는 세상에서 가장 독특한 번식을 해요. 벌집 모양의 어미 등 껍질을 뚫고 새끼 개구리가 '툭! 툭!' 튀어나오지요.

- 별 모양의 앞 발가락 끝은 감각 기관으로, 더듬이 역할을 한다.
- 짝짓기 때, 암컷 등이 스펀지처럼 부드러워진다. 이때 수컷은 수정된 알을 배에 붙인 뒤, 암컷 등에 올라탄다. 그런 다음, 암컷 등 속에 알알이 알을 채워 넣는다.
- 보통 개구리와 달리 혀가 없다. 대신, 긴 앞발로 먹잇감을 커다란 입안으로 잽싸게 몰아넣는다.
- 물갈퀴가 있는 큰 뒷발로 빠르게 헤엄친다. 납작한 몸으로 물속을 민첩하게 움직인다.

⚡ 피파피파개구리의 섬뜩한 번식법

'피파피파' 또는 '수리남두꺼비'라고도 불리는 피파개구리는 세상에서 가장 독특한 방식으로 새끼를 낳아 길러요. 알에서 나온 올챙이는 개구리가 될 때까지 어미 등 속에서 지내다가, 다 자라면 어미 등껍질을 찢고 바깥으로 튀어나와요. 그야말로 섬뜩한 광경이 펼쳐지지요. 어미 개구리의 찢어진 등은 다시 회복되지만, 알을 낳을 때마다 이처럼 혹독한 과정을 겪어야 한답니다. 피파개구리는 헤엄을 잘 쳐서 천적이 나타나면, 재빠르게 도망갈 수 있어요. 평생 물속에서 지내는 피파개구리에겐 이런 독특한 번식법이 새끼를 지키기 위한 최고의 방법이랍니다.

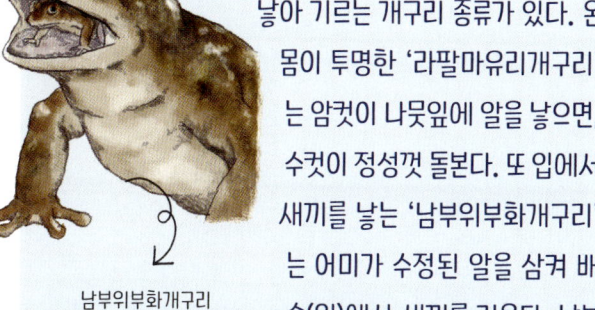

개구리는 어떻게 알을 지킬까?

피파개구리처럼 독특한 번식 방법으로 알을 낳아 기르는 개구리 종류가 있다. 온몸이 투명한 '라팔마유리개구리'는 암컷이 나뭇잎에 알을 낳으면, 수컷이 정성껏 돌본다. 또 입에서 새끼를 낳는 '남부위부화개구리'는 어미가 수정된 알을 삼켜 배 속(위)에서 새끼를 키운다. 남부위부화개구리는 거의 멸종되었다고 한다.

남부위부화개구리

양서류

아홀로틀 Axolotl
(멕시코도롱뇽)

분류	도롱뇽목 점박이도롱뇽과
학명	*Ambystoma mexicanum*

이렇게 징그러워!

징그럽다고? 귀엽기만 한데!

섬뜩한 특징 미끈미끈함.

기본 정보
- 최대 몸 길이: 28cm
- 최대 몸 무게: 85g
- 서식지: 멕시코 소치밀코 호수 주변

아홀로틀 서식지

아홀로틀의 놀라운 비밀

징그럽나요? 아니, 귀엽다고요? 아홀로틀은 개구리와 같은 양서류이지만, 올챙이 시절을 거치지 않고 어릴 때 모습 그대로 자란답니다.

사육하는 아홀로틀은 몸 색깔이 대부분 우윳빛을 띠지만, 야생 아홀로틀은 짙은 회색빛이다.

야생 아홀로틀

하늘하늘 움직이는 겉아가미*가 머리 양쪽에 3개씩 나 있다. 겉아가미로 물속의 산소를 빨아들여 숨을 쉰다.

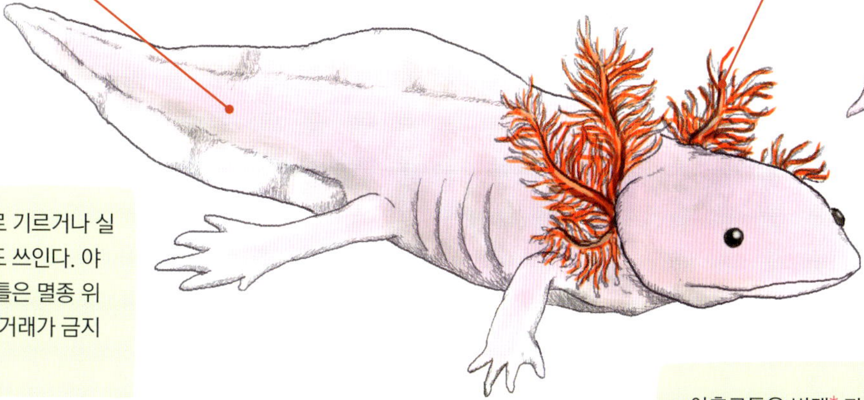

애완동물로 기르거나 실험동물로도 쓰인다. 야생 아홀로틀은 멸종 위기 동물로 거래가 금지되어 있다.

아가미가 사라진 아홀로틀

아홀로틀은 변태* 과정을 거치지 않고, 어린 모습 그대로 자란다. 아가미 호흡도 유지한다. 그러나 물 높이를 낮추거나 물이 덜한 환경에서는 겉아가미가 없어지고, 폐호흡을 한다. 이럴 경우 수명은 짧아진다.

⚡ 신비로운 분홍 도롱뇽

외계 생명체처럼 신비스러운 모습을 지닌 아홀로틀은 멕시코의 소치밀코호수*에만 사는 희귀 양서류예요. 흔히 '우파루파', '멕시코도롱뇽'이라고도 부르지요. 신기하게도 보통 양서류와 달리, 변태(탈바꿈) 과정을 거치지 않고, 어릴 때 모습 그대로 성장한답니다. 우윳빛 피부와 미끈미끈한 몸이 징그러워 보이지만, 웃는 표정과 까만 눈이 귀여워서 희귀 동물 애호가 사이에서 아주 인기가 많지요. 아홀로틀의 몸 색은 우윳빛을 비롯해 황금빛, 검은빛 등으로 다양해요. 또 번식력이 강하고, 재생력이 뛰어나 사육하기에도 별로 어렵지 않답니다.

* 겉아가미 : 몸 바깥으로 나온 아가미로, 물속 산소를 빨아들인다.
* 변태 : 성장 과정에서 겉모습이 바뀌는 것. '탈바꿈'이라고도 한다.
* 소치밀코호수 : 아홀로틀은 원래 멕시코의 소치밀코호수와 찰코호수에 서식했으나, 찰코호수에 물이 말라 버렸다고 한다.

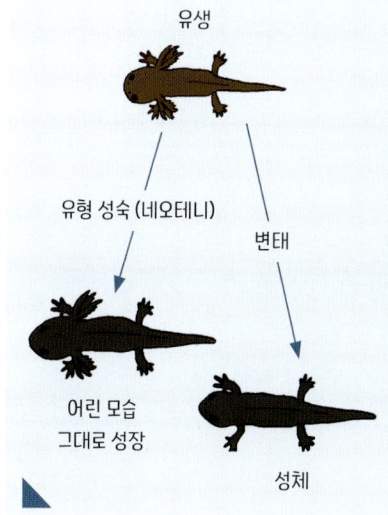

어린 모습 그대로 자라는 아홀로틀

유생 → 유형 성숙 (네오테니) → 어린 모습 그대로 성장
유생 → 변태 → 성체

대부분의 양서류는 변태 과정을 거치는데, 올챙이 때(유생)는 아가미 호흡을 하고, 다 자라면(성체) 폐 호흡으로 바뀐다. 그런데 아홀로틀은 다른 양서류와 달리, 어린 모습 그대로 성장하고, 아가미 호흡도 유지한다. 이처럼 변태하지 않는 방식을 '유형 성숙' 또는 네오테니(neoteny)라고 한다.

파충류

마타마타거북 Mata mata

분류	거북목 거북과
학명	*Chelus fimbriatus*

이렇게 징그러워!

낙엽인 척하고 있으면 모를 줄 알고!

섬뜩한 특징 이상한 생김새.

기본 정보

- 최대 몸길이: 90cm(등딱지 길이 50cm)
- 최대 몸무게: 15kg
- 서식지: 남아메리카 아마존강, 오리노코강 유역

마타마타거북 서식지

마타마타거북의 놀라운 비밀

낙엽일까요? 바위일까요? 믿기 어렵겠지만, 아마존강에 사는 마타마타거북이랍니다. 머리가 크고, 목이 길어서 다른 거북처럼 등딱지 안으로 머리를 '쏙' 숨기지 못하지요.

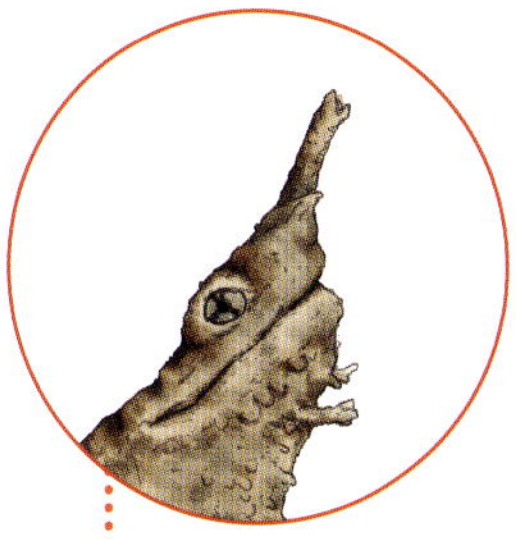

주로 물속에서 생활하며, 알을 낳을 때만 육지로 올라온다.

등딱지에 다 들어가지 않을 만큼, 목이 매우 길어서 옆으로 구부려 넣기도 한다.

머리는 삼각형 모양이며, 코는 물안경 호스처럼 길다. 코끝을 물 위로 내놓고 숨을 쉰다.

감각기

턱 밑에는 '감각기'라는 2쌍의 돌기가 튀어나와 있다. 이 기관으로 물고기의 움직임이나 진동을 감지한다. '마타마타'는 아마존 원주민이 쓰는 말로, '피부'라는 뜻을 지녔다.

위장술의 달인, 마타마타거북

바위나 낙엽을 닮은 마타마타거북은 생김새가 독특한 민물 거북이에요. 등딱지에 다 들어가지 않을 만큼, 긴 목이 특징이지요. '잠복형 사냥꾼'으로, 의태* 능력이 매우 뛰어나요. 낙엽이나 바위 옆에 있으면 쉽게 알아보기 어렵지요. 이처럼 남다른 위장술 덕분에 천적으로부터 몸을 보호하고, 먹잇감도 쉽게 사냥할 수 있답니다. 평소에는 잘 움직이지 않지만, 헤엄 실력도 상당해요. 깊은 강 밑에서부터 능숙하게 헤엄쳐 물 위로 올라와 숨을 쉬지요.

* 의태 : 동물이 자신의 몸을 보호하거나 먹이를 사냥하기 위해, 주변에 있는 물체나 동식물과 비슷하게 모습 또는 색을 바꾸는 것.

사는 곳에 따라 다르게 생긴 거북

육지거북

바다거북

민물거북

거북 종류는 사는 곳에 따라 육지거북, 바다거북, 민물거북으로 나뉜다. '민물거북'은 육지와 민물을 오가며, 주로 강이나 호수에 산다. '육지거북'은 땅 위를 잘 걷도록 다리가 짧고 굵으며, '바다거북'은 다리가 배를 젓는 노처럼 납작해서 헤엄치기에 알맞다.

파충류

멕시코지렁이도마뱀
Mexican mole lizard

분류	뱀목 지렁이도마뱀과
학명	*Bipes tridactylus*

이렇게 징그러워!

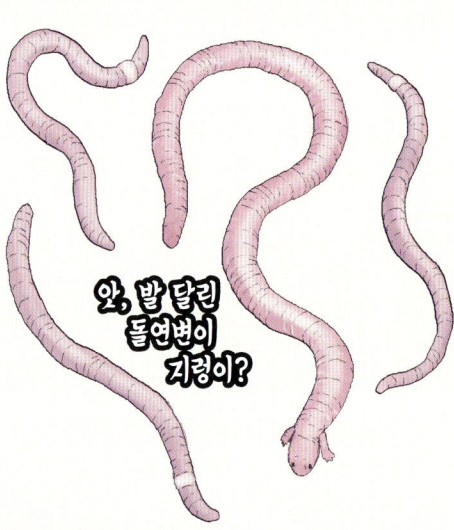

앗, 발 달린 돌연변이 지렁이?

기본 정보

 최대 몸길이 25cm

서식지 멕시코 건조 지역 땅속

섬뜩한 특징 매끈매끈함.

멕시코지렁이도마뱀 서식지

멕시코지렁이도마뱀의 놀라운 비밀

돌연변이 지렁이냐고요? 이 신기한 동물은 멕시코에만 사는 멕시코지렁이도마뱀이에요. 앞발 달린 기다란 몸은 보기만 해도 오싹한 기분이 들지요.

총알 모양의 단단한 머리는 땅 파기에 알맞게 생겼다.

'아호로테도마뱀'이라고도 하며, 지렁이도마뱀 종류 중 유일하게 발이 달렸다.

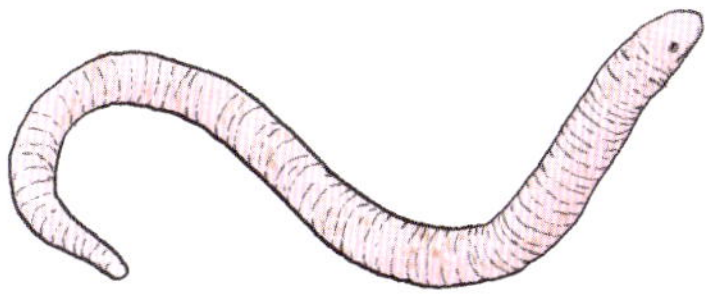

앞발이 없는 아라비아지렁이도마뱀

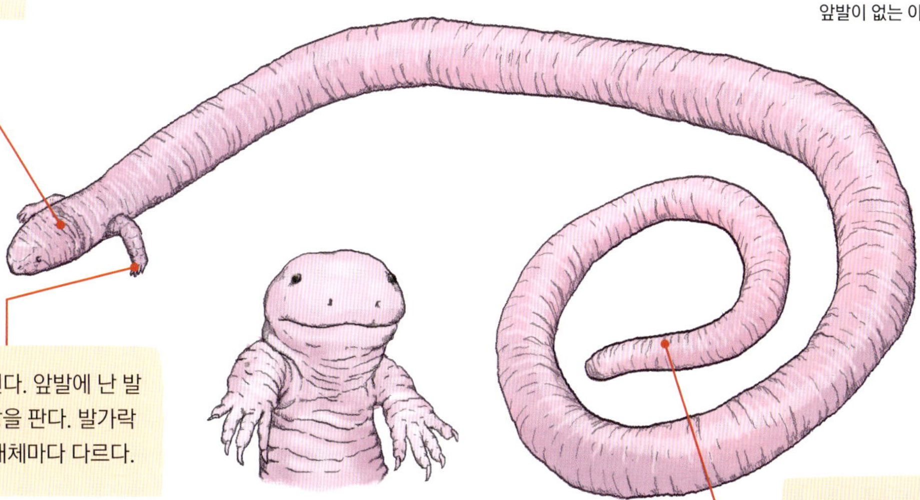

주로 땅속에서 지낸다. 앞발에 난 발톱으로 능숙하게 땅을 판다. 발가락 개수는 3~5개로, 개체마다 다르다.

발가락이 4개인 개체

다른 도마뱀처럼 스스로 꼬리를 자르고 도망갈 수 있지만, 잘린 꼬리는 새로 나지 않는다.

⚡ 미스터리 도마뱀의 정체는?

분홍빛 긴 몸, 작은 앞발, 깨알처럼 작은 눈이 특징인 멕시코지렁이도마뱀은 뱀이나 지렁이를 닮았지만, 지렁이도마뱀류에 속하는 어엿한 도마뱀이에요. 지렁이도마뱀 대부분은 4개의 발이 모두 퇴화했지만, 멕시코지렁이도마뱀은 유일하게 앞발이 남아 있답니다. 지렁이처럼 땅에 굴을 파고 땅속에 살아서 눈과 귀가 퇴화했어요. 게다가 땅 위에는 거의 올라오지 않아서 쉽게 찾아볼 수도 없지요. 이런 이유로 아직 풀리지 않은 수수께끼가 많은 동물 중 하나랍니다.

지렁이 닮은 뱀

브라미니장님뱀

생김새가 지렁이와 비슷한 뱀도 있다. '지렁이뱀'은 지렁이처럼 땅속에서 생활하며, 몸길이가 대략 20cm로, 지렁이 크기만 하다. 눈은 거의 보이지 않을 만큼 작다. 세상에서 가장 작은 뱀으로 손꼽히는 '브라미니장님뱀'도 지렁이뱀류에 속하며 크기와 몸 색깔이 지렁이를 쏙 빼닮았다.

조류

개구리입쏙독새
Tawny Frogmouth

분류	쏙독새목 호주개구리입쏙독새과
학명	*Podargus strigoiudes*

이렇게 징그러워!

뭐든 삼킬 것 같은 큰 입!

섬뜩한 특징 — 무시무시한 생김새.

기본 정보
- 최대 몸길이: 50cm
- 최대 몸무게: 350g
- 서식지: 오스트레일리아, 태즈메이니아섬, 뉴기니섬 남부 삼림

개구리입쏙독새 서식지

개구리입쏙독새의 놀라운 비밀

개구리처럼 큰 입을 가진 개구리입쏙독새는 '위장술의 대가'예요. 나뭇가지에 숨어 있다가 먹잇감이 다가오면, 큰 입으로 덥석 잡아먹지요.

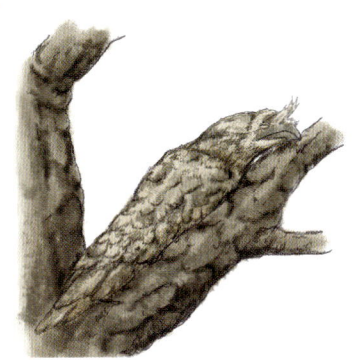

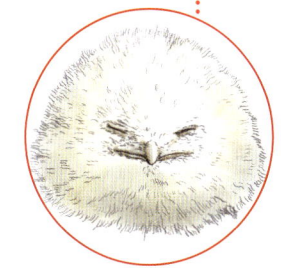

개구리처럼 입이 크게 벌어진다. 입 모양이 벌어진 동전 지갑 같다. 새끼 때는 복슬복슬한 하얀 털로 뒤덮여 있다.

낮에는 나뭇가지 위에서 가만히 쉰다. 깃털이 나무 껍질과 비슷해서 쉽게 눈에 띄지 않는다. 위협을 느끼면, 몸을 길게 뻗어 나뭇가지로 위장한다.

몸에 비해 발이 작고, 발가락 힘도 약하다. 걸음걸이가 서툴며, 사냥 때도 발을 쓰지 않는다.

짝을 맺은 부부는 평생 함께 산다. 처음 정한 둥지도 해마다 고쳐서 다시 쓴다.

⚡ 개구리입쏙독새의 특별한 사냥법

개구리입쏙독새는 개구리처럼 입이 크게 벌어져서 붙여진 이름이에요. 큰 입만 보면, 큰 먹이만 잡아먹을 것 같지만, 실제로는 작은 벌레를 잡아먹어요. 간혹 개구리나 도마뱀 같은 양서·파충류, 작은 새를 잡아먹기도 하지요. 개구리입쏙독새는 올빼미와 같은 야행성이지만, '공격형 사냥꾼'인 올빼미와는 달리, 먹이를 기다리는 '잠복형 사냥꾼'이에요. 의태 능력이 뛰어나 나뭇가지처럼 숨어 있다가 먹잇감이 다가오면, 부리 주변에 난 깃털로 낌새를 알아챈 뒤, 잽싸게 먹잇감을 잡아먹지요. 힘을 덜 쓰면서 먹잇감을 잡는 나름 영리한 사냥법이랍니다.

여름철 찾아오는 쏙독새

학명 : *Caprimulgus indicus*
영어 이름 : Grey nightjar
전체 길이 : 30cm
서식지 : 유럽과 아시아 대륙 중앙~동부

"쏙 쏙" 우는 쏙독새는 우리나라 여름철에 찾아와 짝짓기하는 여름새이다. 낮은 산이나 수풀에서 흔히 볼 수 있다. 야행성으로, 입을 크게 벌린 채, 공중을 날아다니며 날벌레를 잡아먹는다. 위장술이 뛰어나 언뜻 보면, 나뭇가지처럼 보인다.

포유류

벌거숭이두더지쥐 Naked mole rat

분류	쥐목 뻐드렁니쥣과
학명	*Heterocephalua glaber*

이렇게 징그러워!

어머나! 쭈글쭈글한 살갗에 뻐드렁니라니!

섬뜩한 특징 털 없음. 특이한 생김새.

 **기본정보**
- 최대몸길이: 13cm
- 최대몸무게: 50g
- 서식지: 아프리카 동부 사바나의 땅속

벌거숭이두더지쥐 서식지

벌거숭이두더지쥐의 놀라운 비밀

벌거숭이두더지쥐는 '세상에서 가장 못생긴 동물'로 손꼽혀요. 포유류 중 유일하게 개미처럼 여왕을 두고 집단생활을 하는 신기한 동물이지요.

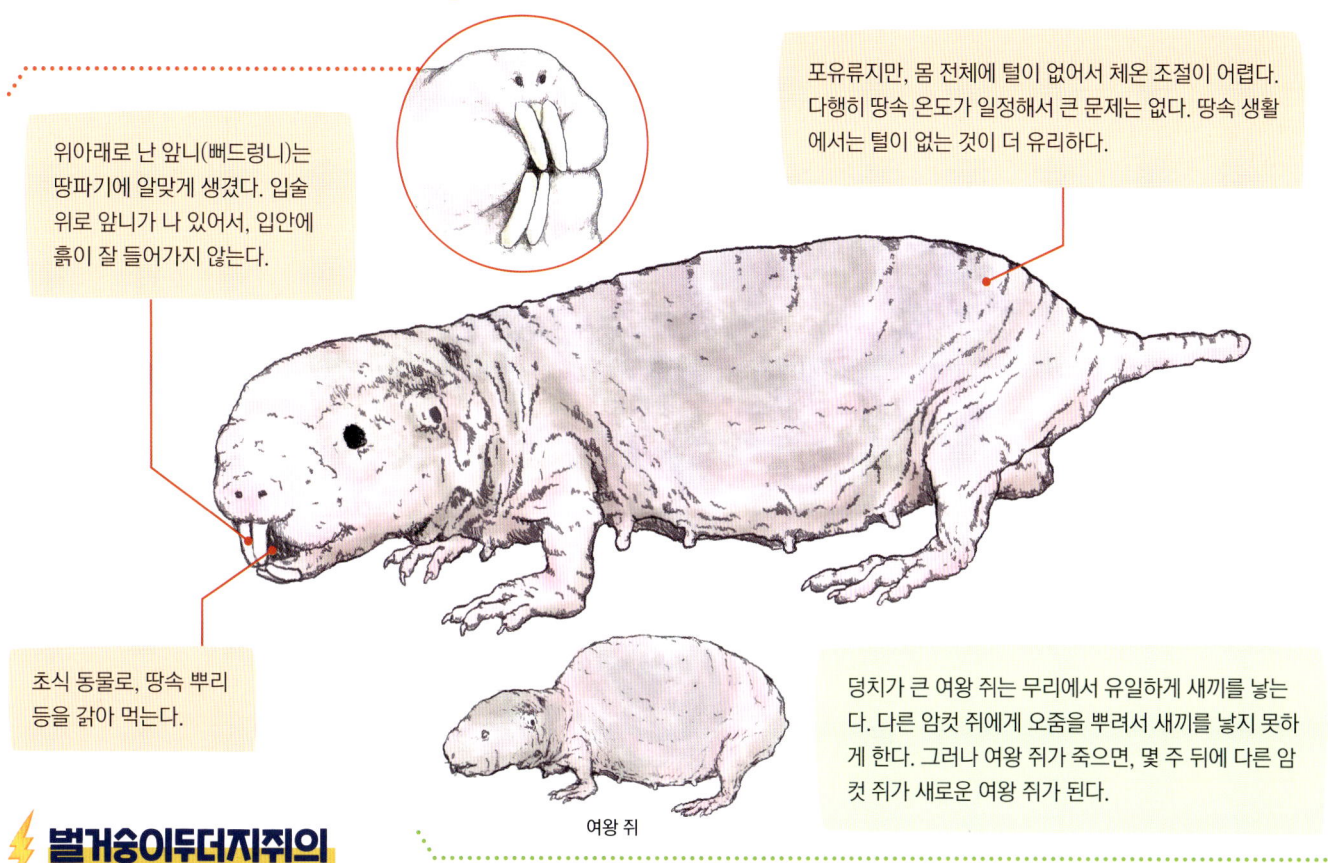

위아래로 난 앞니(뻐드렁니)는 땅파기에 알맞게 생겼다. 입술 위로 앞니가 나 있어서, 입안에 흙이 잘 들어가지 않는다.

포유류지만, 몸 전체에 털이 없어서 체온 조절이 어렵다. 다행히 땅속 온도가 일정해서 큰 문제는 없다. 땅속 생활에서는 털이 없는 것이 더 유리하다.

초식 동물로, 땅속 뿌리 등을 갉아 먹는다.

덩치가 큰 여왕 쥐는 무리에서 유일하게 새끼를 낳는다. 다른 암컷 쥐에게 오줌을 뿌려서 새끼를 낳지 못하게 한다. 그러나 여왕 쥐가 죽으면, 몇 주 뒤에 다른 암컷 쥐가 새로운 여왕 쥐가 된다.

여왕 쥐

벌거숭이두더지쥐의 특별한 집단생활

털 없는 쭈글쭈글한 살갗, 툭 튀어나온 뻐드렁니……. 벌거숭이두더지쥐는 한 번 보면 절대 잊지 못할 만큼, 매우 특이한 생김새를 지녔어요. 특이한 점은 이뿐만이 아니에요. 포유류 중 유일하게 개미나 꿀벌처럼 집단을 이루며 사회생활을 하지요. 한 무리는 보통 80여 마리로, 일사불란하게 삼삼오오 맡은 역할을 충실하게 해내요. 땅속에 길고 복잡한 굴을 수 km까지 파거나 잠자는 방, 먹이 저장 방, 새끼 방, 화장실 등을 만들어요. 쥐들은 저마다 할 일이 따로 정해져 있어요. 여왕 쥐는 무리 중 유일하게 번식을 담당해요. 다른 일은 전혀 하지 않고, 여러 수컷과 짝짓기를 하며 새끼를 낳아요. 이 밖에도 굴 파기 쥐, 병정 쥐가 있는가 하면, 새끼와 여왕 쥐를 따뜻하게 돌보는 이불 쥐도 있답니다.

가장 오래 사는 쥐

곰쥐나 생쥐는 수명이 2~3년 정도에 불과하지만, 벌거숭이두더지쥐는 최대 30년까지 살 수 있다. 늙는 속도가 매우 느려서 죽을 때쯤 노화가 시작된다. 또 암에 잘 걸리지 않고, 사람이 죽을 정도로 산소가 부족한 상태에서도 살아남는다.

쥐의 수명 기간

쥐 종류	수명
애기붉은쥐	약 2년
생쥐	약 2~3년
곰쥐	약 3년
시궁쥐	약 3년
벌거숭이두더지쥐	약 30년

포유류

아이아이원숭이 Aye-aye

분류	영장목 아이아이과
학명	*Daubentonia madagascariensis*

이렇게 징그러워!

마다가스카르에 악마가 산다고?

섬뜩한 특징 무시무시한 생김새.

기본 정보

- 최대 몸 길이 90cm
- 최대 몸무게 3kg
- 서식지 마다가스카르 삼림

아이아이원숭이 서식지

아이아이원숭이의 놀라운 비밀

뽀족한 귀, 부리부리한 눈, 갈고리발톱……. 아이아이원숭이는 섬뜩한 외모로 '악마의 화신'으로 오해받아 억울한 죽임을 당한 안타까운 원숭이랍니다.

삼각형 모양의 커다란 귀를 자유자재로 움직인다. 귀가 밝아서 나무 속 애벌레가 꿈틀대는 소리도 듣는다.

평생 앞니가 자란다. 이 때문에 처음에는 쥐와 같은 설치류로 분류되었다. 날카로운 이빨로 딱딱한 나무에 구멍을 뚫어 벌레를 잡아먹는다.

앞니

세 번째 손가락

가늘고 긴 세 번째 손가락으로 나무를 탁탁 두드려 꿈틀대는 벌레를 소리로 찾아낸 다음, 앞니로 나무 구멍을 파내어 벌레를 꺼내 먹는다. 단단한 열매의 과육을 파먹기도 한다.

처음 발견된 18세기 말 이후 멸종된 것으로 알려졌으나, 1957년에 다시 발견되었다. 개체 수가 적어서 사육하는 동물원이 드물다. 아시아 지역에서는 일본 도쿄에 우에노 동물원이 유일하다.

⚡ 아이아이원숭이의 천적은 바로 인간!

마다가스카르 밀림에 사는 희귀 동물인 아이아이원숭이는 '아이아이' 또는 '마다가스카르손가락원숭이'라고도 불러요. 부리부리한 눈과 온몸이 까맣고 거친 털로 뒤덮여 있으며, 길고 가는 손가락과 갈고리발톱을 지녔지요. 야행성으로, 주로 나무 위에서 생활하며 땅에는 거의 내려오지 않아요. 아이아이원숭이는 인간에게 괜한 미움을 받은 억울한 원숭이예요. 섬뜩한 생김새와 잘못된 미신으로 원주민들에게 '악마의 화신'이라 불리며, 불길한 동물로 널리 알려졌어요. 게다가 과일을 먹어 치우는 해로운 동물로 낙인 찍혀 억울한 죽임을 당하고 말았지요. 그로 인해 개체 수가 급격히 줄어들었고, 현재는 멸종 위기종으로 지정되어 '워싱턴 조약*'에 따라 보호를 받고 있답니다.

* 워싱턴 조약: 야생 동식물의 국제 거래를 제한하고, 멸종 우려가 있는 생물을 보호하는 조약.

'아이아이' 이름의 유래

'아이아이'라는 이름에는 다양한 유래가 전해진다. 그중 울음소리가 '아이아이' 하고 울어서 지어진 이름이라는 설, 원주민들이 깜짝 놀라서 '아이아이' 하고 소리쳐서 지어진 이름이라는 설이 가장 유력하다.

아이아이원숭이 이름의 유래
울음소리가 '아이아이' 하고 울어서 유래됨.
어떤 사람이 숲에서 아이아이원숭이를 마을에 데려오자, 원주민들이 '아이아이' 하고 소리친 것에서 유래됨.
아이아이원숭이를 처음 보고 놀란 사람이 '아이아이' 소리친 것에서 유래됨.
아이아이원숭이 이름을 묻자, 원주민이 '모른다'고 한 뜻에서 유래됨.

마치는 글

여러분은 징그러운 동물을 보면 어떤 느낌이 드나요? "징그러워!", "진짜 싫어!" 하는 말이 튀어나올 만큼, 섬뜩하고 불쾌한가요? 앞에서 말했듯이 동물의 생김새가 특이한 건 그 나름의 이유가 있어요. 천적으로부터 몸을 최대한 보호하고, 먹이를 정확하게 사냥하려고 저마다 다양하고 기발한 전략을 세우는 것이지요. 그런 이유로 나는 징그러운 동물이 매력적이고 멋있어 보여요. 징그러운 동물을 탐구하다 보면, 생물은 끝도 없이 다양하고 흥미로운 사실로 가득하다는 걸 깨닫게 해 주거든요. 이 책에는 야생에서 사는 동물을 비롯해 동물원이나 수족관에서 볼 수 있는 동물, 반려동물로 판매되는 동물 등 여러 곳에서 볼 수 있는 다양한 동물을 소개했어요. 만약, 일상에서 이 동물을 만날 기회가 있거나 책에 등장하는 동물이 궁금하다면 그들 있는 곳으로 곧장 달려가세요. 그리고 동물의 생김새와 행동을 자세히 들여다보세요. 다가가기 무섭다고요? 너무 겁먹지 마세요. 사람이 먼저 위협하거나 자극하지 않는다면, 위험한 상황은 일어나지 않을 거예요. 적당한 거리에서 가만히 지켜본다면, 동물들도 긴장하지 않고, 자연스럽게 행동할 거예요. 이 책을 보면서 어린이 여러분이 동물에게 관심을 기울이고, 흥미를 갖게 되길 바랍니다. 나아가 지구에서 살아가는 모든 생명체를 사랑하는 어른으로 자라나길 소망합니다.

이 장을 빌어 고마운 마음을 전합니다. '열대 클럽'의 구도 히로유키 대표님, 신타쿠 고지 선생님, 가와조에 노부히로 님, 도모아키 님, 시로와 츠요시 님, 도모미즈 아키라 님, 마치다 히데부미 님, 후지타 유키히로 님, 후지이 도모유키 님, 호시 카쓰미 님, 가토 마나부 님, 다쿠스 고미네 님, 쓰루타 겐지 님, 고지마 겐타로 님, 고바야시 요시키 님, 아사노 요시모리 님, 그리고 우리 가게 손님 여러분과 직원분에게 감사드립니다. 그리고 노무라 준이치로 선생님, 구도 히로미 님, 천국에 계신 사에구사 치토 님과 날마다 나를 응원하는 가족에게도 깊은 감사를 드립니다.

다카하시 다케히로

찾아보기

ㄱ
감각기 37
개구리입쏙독새 40, 41
거머리 27
거미 9
거북 10, 36, 37
겉아가미 35
고유 생물(고유종) 11, 25
고환 30
곰쥐 43
공노래기 15
공벌레 15
관상안 31
광학 촉수 23
광합성 31
국제보호협회 11
그리마 9, 12, 13
기린 19
기충 19
꼽등이 13
꿀벌 43

ㄴ
낙타거미 18, 19
남부위부화개구리 33
네오테니(유형 성숙) 35
노래기 9, 14, 15
농발거미 16, 17
농업 해충 9

ㄷ
더듬이다리 18
도롱뇽 8, 35
돈벌레(그리마) 12, 13
돔발상어 30

ㄹ
라팔마유리개구리 33

ㅁ
마타마타거북 10, 36, 37
먹장어 30
메가볼(공노래기) 15
멕시코도롱뇽(아홀로틀) 34, 35
멕시코지렁이도마뱀 38, 39

모기 9, 13
무악류 30
무척추동물 3, 19
민달팽이 8, 25
민물거북 37

ㅂ
바구미 9
바나나민달팽이 22, 23
바다거북 37
바퀴(바퀴벌레) 13, 16, 17, 20, 21
발광체 30
배공 25
배럴아이(통안어) 31
뱀장어 29
뱀장어상어(주름상어) 29
벌거숭이두더지쥐 8, 42, 43
변태(탈바꿈) 35
볼록눈물고기 31
분해자 15, 23
브라미니장님뱀 39
블롭피시 31
비단바퀴 21
뻐드렁니 7, 42, 43

ㅅ
산거머리 27
산림 해충 9
산민달팽이 23
생물 다양성 보존 중요 지점(생물다양성 핫스팟) 11
생식기 23
생쥐 43
설치류 45
성체 35
세계 3대 희귀 동물 19
세계 3대 희귀 벌레 18, 19
솔리퓨게(낙타거미) 18
수리남두꺼비(피파피파개구리) 32, 33
수압 31
쉰발이(설레발이) 13
시궁쥐 43
식물성 플랑크톤 31
식초전갈 18, 19
심해 동물 28, 29, 31
쏙독새 41

ㅇ
아가미 29, 35
아가미 호흡 35
아라비아지렁이도마뱀 39
아마미휩스콜피온 18
아세트산 18
아이아이원숭이(아이아이) 44, 45
아프리카자이언트밀리페드 14, 15
아호로테도마뱀 39
아홀로틀 34, 35
알주머니(난낭) 17
앞니 43, 45
애기붉은쥐 43
애기하마 19
야행성 17, 41
양서류 11, 32, 34, 35, 41
어류 28, 30
연체동물 3, 22
열대참거머리 27
오카피 19
올빼미 41
외투막 23
우파루파(아홀로틀) 35
워싱턴 조약 45
위생 해충 9
위장술 37, 41
유럽민달팽이 23
유생 35
유형성숙(네오테니) 35
육상플라나리아 26, 27
육식 동물 19
육지거북 37
의태 37, 41
익충 9

ㅈ
자이언트땅굴바퀴 20, 21
자이언트판다 19
절지동물 3, 12, 14, 16, 18, 19, 20
점액 23, 25, 30
정자 30
조류 3, 11, 40
주름상어 28, 29
지네 8
지렁이 7, 15, 24, 25, 26, 27, 38, 39
지렁이도마뱀 39

지렁이뱀 39
지볼트지렁이 24, 25
진드기 9

ㅊ
참거머리 27
채찍거미 18, 19
채찍전갈 18
척추동물 3, 19, 30
초롱아귀 30
초식 동물 43
촉수 23, 30
촉지 18
치어 29

ㅋ
카이트핀상어 30
코뿔소바퀴(자이언트땅굴바퀴) 20, 21
코우가이빌(육상플라나리아) 27

ㅌ
테일레스휩스콜피온(채찍거미) 18
통안어(볼록눈물고기) 31

ㅍ
파리 9, 13, 17
파충류 11, 18, 19, 36, 38, 41
편형동물 3, 26
폐 호흡 35
포유류 3, 11, 42, 44
프릴샤크(주름상어) 29
피그미하마(애기하마) 19
피부 호흡 23
피파개구리 32, 33
필리프 프란츠 폰 지볼트(지볼트) 25

ㅎ
항문 23, 27
해충 9, 13, 17
혐오 해충 9
협각 18
호흡공 23
환형동물 3, 24, 27

지은이 다카하시 다케히로

'NC 열대 클럽'에서 매니저로 일하고 있어요. 철들 무렵부터 동물에 관심이 많아 늘 동물들에 둘러싸여 살았지요. 고등학교 졸업 후, 요리 전문학교를 거쳐 제과 및 요리 업계에서 일하다가 지금은 동물 돌보는 일을 하고 있어요. 집에서 개, 고양이, 파충류, 양서류, 조류, 어류 등 100마리에 가까운 동물들과 살고 있지만, 개구리만은 무서워한답니다.

감수 신타쿠 코지

생태과학연구기구 이사장이에요. 대학과 대학원에서 동물행동학과 교육공학을 전공했어요. 그 후, 우에노 동물원에서 400종이 넘는 야생 동물을 현장에서 직접 연구하며 동물의 생태와 사육법을 익혔어요. 산과 들에 사는 야생 동물을 만나기 위해 수렵 면허도 땄지요. 대학에서 20년 이상 학생들을 가르쳤으며, 300편이 넘는 자연 다큐멘터리 영화와 과학 프로그램 등을 지도했어요. 또한, 동물원, 수족관, 박물관 등을 세우는 일에 적극 참여해 왔어요. 지은 책으로는 《놀라운 동물학》 등이 있답니다.

한국어판 감수 이정모

연세대학교와 같은 대학원에서 생화학을 공부하고 독일 본 대학교에서 유기화학을 연구했어요. 안양대학교 교양학부 교수와 서대문자연사박물관 관장을 거쳐 현재는 서울시립과학관장으로 일하고 있습니다. 대중의 과학화를 위한 저술과 강연활동을 하고 있지요. 《달력과 권력》,《공생 멸종 진화》,《해리포터 사이언스》,《유전자에 특허를 내겠다고?》 등을 썼으며 《인간이력서》,《매드사이언스북》 등을 우리말로 옮겼습니다.

옮긴이 정인영

한국외국어대학교와 같은 대학원에서 비교문학을 전공했어요. 옮긴 책으로 《귀여운데 오싹해 심해 생물》,《귀엽지만 조심해 위험 생물》,《상상초월 포켓몬 과학 연구소》,〈착각 탐정단〉 시리즈,《호랑이와 나》,《우리 집 미스터리 생물 도감》,《외계인도 궁금해 할 이상하고 재미있는 우주 이야기 83》 등이 있습니다.

- **일러스트**
  도모아키

- **사진 촬영**
  가와조에 노부히로

- **사진 협력**
  Endless Zone / ORYZA / 가토 마사히로 / Cafe Little Zoo / Kame land Higuchi / 구와바라 유스케 / 동물공화국 WOMA+ / 후지이 도모유키 / Pumilio / Moukinya / Remix Peponi / Rep Japan Ltd. / Wild Sky / aLive / iZoo

- **사진 제공**
  Amana Images / Image Navi / 카와베 토오루 / 노이치 동물 공원/ Conservation International / 사이타마 어린이 공원 / 누마즈 심해 수족관 / nettai club / Pixta / Photo library

- **편집 · 디자인**
  g. Grape 주식회사

굉장해! 더 징그러운 동물도감

초판 1쇄 인쇄 2019년 11월 25일
초판 1쇄 발행 2019년 12월 9일

지은이 다카하시 다케히로
감　수 신타쿠 코지
한국어판 감수 이정모
옮긴이 정인영

펴낸이 김선식
펴낸곳 (주)스튜디오다산

경영총괄 김은영
책임편집 한유경　**디자인** 김은지
콘텐츠개발본부장 채정은　**콘텐츠개발2팀** 한유경 김은지 강푸른
마케팅사업본부장 도건홍　**마케팅팀** 오하나 안현재　**채널홍보팀** 안지혜 정다은
영업사업본부장 오선희　**영업팀** 이선희 조지영 강민재
경영관리본부 허대우 하미선 박상민 김민아 최완규
외부스태프 교정교열 백승온

출판등록 2013년 11월 1일 제406-2013-000112호
주소 경기도 파주시 회동길 357 2층
전화 02-703-1723　**팩스** 070-8233-1727
다산어린이 카페 cafe.naver.com/dasankids　**다산어린이 블로그** blog.naver.com/stdasan
종이·인쇄·제본 (주)갑우문화사

ISBN 979-11-5639-813-4 73490

- 책값은 뒤표지에 있습니다.
- 파본은 본사 또는 구입한 서점에서 교환해 드립니다.
- KC마크는 이 제품이 공통안전기준에 적합하였음을 의미합니다.
- 아이들이 책을 입에 대거나 모서리에 다치지 않게 주의하세요.

생물의 분류법

생물은 큰 분류부터 차례로 '계', '문', '강', '목', '과', '속', '종' 단계로 나누어요. 같은 특징이 많은 '종'을 모아 '속'이라고 분류하는 것처럼, '과'는 비슷한 '속'이, '목'은 비슷한 과가 모인 것이지요. 동물원의 안내판에는 보통 '○○목 ○○과'라고 표시되어 있어요. 이처럼 '목'과 '과'를 알아 두면, 어떤 동물이 가까운 사이인지를 알 수 있답니다.